로드바이크 진화론

로드바이크 진화론

라이더와 마니아를 위한 프레임 · 휠 · 컴포넌트
100년사를 정리한 자전거 구조 교과서

나카자와 다카시 지음
김정환 옮김

보누스

    '마이너 스포츠'라는 딱지를 떼어내지 못하고 있는 자전거 경기. 그러나 유럽에서 자전거 경기는 축구에 버금가는 인기 스포츠다. '투르 드 프랑스'는 월드컵 축구나 올림픽과 어깨를 나란히 할 정도로 거대한 스포츠 이벤트이며, '지로 디탈리아'의 열광적인 분위기를 보면 '이탈리아 사람들은 정말 자전거 경기를 좋아하는구나.'라고 실감하게 된다. 벨기에는 자전거 경기가 국기(國技)여서, '론드 판 플란데런'을 벨기에 국민의 70퍼센트가 관람한다고 한다. 세계 최고의 자전거 보유율을 자랑하는 네덜란드는 말할 것도 없고, 스페인 바스크 지방에서도 자전거 경기의 인기가 상당하다.

    이렇게까지 자전거 경기가 활성화된 지역은 유럽뿐인데, 특히 프랑스와 이탈리아, 벨기에, 네덜란드, 스페인에서의 인기는 상상을 초월한다. 그런 까닭에 자전거 경기라는 '문화'를 이해하는 것은 바로 유럽, 특히 이 5개국을 중심으로 한 서유럽의 문화를 이해하는 길로 이어진다고 해도 과언이 아니다.

    그럼에도 지금까지 자전거 경기를 서유럽의 '역사'로 파악하고 이에 관해 언급한 책은 거의 없었다. 아마도 유럽에서 활약하는 포토 저널리스트인 스나다 유즈루(砂田弓弦) 씨가 그의 저서에서 자전거의 문화적 가치와 배경에 관해 언급한 것이 유일한 예외가 아닐까 싶다. 자전거 트레이닝이나 정비 관련 내용을 다룬 책이 많이 출판되고 있는 오늘날의 상황을 생각하면, 자전거 경기라는 '유럽 문화'에 관해 언급하는 것은 필요 불가결한 일이 아닐까 생각한다. 당연하게도 자전거 경기 전체를 대상으로 문화적 의의를 논하는 것은 보통 일이 아니다. 그런 까닭에 이 책에서는 경기 자체가 아니라 자전거의 구성 부품이나 용품에 초점을 맞춰서 그 역사와 문화적인 배경을 정리하는 데 주안점을 뒀다.

요즘 독자의 성향도 많이 고려해서, 출퇴근 시간 같은 자투리 시간에 부담 없이 읽을 수 있도록 각 항목별로 완결되는 구성을 채택했다. 어려운 문장이나 난해한 표현도 가급적 사용하지 않으려고 노력했으므로 자전거에 관심 있는 누구나 읽는 데 어려움이 없을 것이다.

　경기용 자전거의 구성 부품이나 용품을 가능한 한 다양하게 다루려 했지만 필자의 능력이 부족한 탓에 미처 다루지 못한 부분이 다소 있음을 본인도 통감하고 있다. 부디 너그럽게 이해해줬으면 한다. 독자 여러분이 이 책 덕분에 자전거라는 유럽 문화를 접하고, 그 세계를 조금이라도 들여다보게 된다면 기쁠 것이다. 또 이 책이 계기가 되어 자전거 경기의 문화적 의의에 관한 논의가 활발해진다면 필자에게 그보다 기쁜 일은 없을 것이다.

나카자와 다카시

차 례

로드바이크의 각부 명칭 — 8

PROLOGUE

프레임 소재의 100년 역사 — 10

CHAPTER 1
컴포넌트의 진화

01	캄파놀로의 컴포넌트 — 26
02	시마노의 컴포넌트 — 32
03	선투어의 컴포넌트 — 38
04	마빅의 컴포넌트 — 44
05	스램의 컴포넌트 — 50

CHAPTER 2
드라이브 트레인의 진화

01	컴플리트 휠의 구조 — 58
02	허브를 고정하는 구조 — 64
03	스포크의 소재 — 69
04	앞 디레일러의 구조 — 75
05	뒤 디레일러의 구조 — 81
06	시마노의 뒤 디레일러 — 87
07	시마노의 뒤 스프라켓 — 93
08	PCD와 이너 기어 톱니 수의 변화 — 98
09	크랭크와 BB 축의 감합 방식 — 104
10	시마노의 클릿 페달 — 109
11	타임의 클릿 페달 — 114
12	룩의 클릿 페달 — 120

CHAPTER 3
비구동계 부품의 진화

01 드롭 바의 형상 — 128

02 핸들 스템 — 134

03 헤드 튜브의 형상과 헤드 파츠 — 140

04 로드바이크용 브레이크 — 147

05 새들 — 153

06 시트 포스트 — 158

07 클린처 타이어 — 165

08 바 테이프 — 170

09 물통 케이지 — 176

CHAPTER 4
의류·액세서리의 진화

01 사이클링 저지 — 184

02 레이싱 팬츠 — 190

03 레이싱 슈즈 — 196

04 헬멧 — 202

05 에어로 헬멧 — 208

06 선글라스 — 214

07 사이클 컴퓨터 — 221

BEYOND BIKE

01 화산 분화가 낳은 드라이지네 — 24

02 지극히 고급스러운 탈것이었던 벨로시페드 — 56

03 'ordinary'는 영국에서 사용하지 않는 명칭 — 126

04 현대 자전거는 1900년대 초반에 완성되었다 — 182

후기 — 227

찾아보기 — 228

로드바이크의 각부 명칭

이 책에는 로드바이크의 각부 명칭이 빈번히 등장한다. 로드바이크 경력이 긴 독자라면 이미 잘 알고 있을 것이다. 자전거에 해박하지 않은 독자를 위해 로드바이크를 구성하는 각부 명칭을 정리했다.

① 허브 herb
바퀴의 중심에 있는 회전 부분. 여기에서 림을 향해 스포크가 뻗어나간다. 퀵릴리스로 고정하는 것이 일반적이다.

② 림 rim
타이어를 올려놓은 부분. 최근에는 카본 제품이 인기다. 림, 스포크, 허브를 합쳐서 휠이라고 한다.

③ 브레이크 break
자전거를 멈추거나 속도를 줄이는 장치. 이 유형의 브레이크를 캘리퍼 브레이크라고 한다.

④ 핸들 바 handle bar
차종에 따라 다양한 형상이 있는데, 로드바이크의 경우 드롭 바가 사용된다.

⑤ 바 테이프 bar tape
핸들 바에 감는 테이프. 미끄러짐을 방지하고, 충격을 완화한다.

⑥ 핸들 스템 handle stem
프레임과 핸들 바를 연결하는 부품. 다양한 길이와 각도의 제품이 있으며, 포지션의 조정에 도움을 준다.

⑦ 헤드 튜브 head tube
프레임의 헤드 부분에 있는 튜브. 이 길이가 포지션 조정에 큰 영향을 끼친다. 위아래에 헤드 파츠(parts)가 장착된다.

⑧ 시트 포스트 seat post
새들(안장)과 프레임을 연결하는 막대 형태의 부품. 프레임과 일체화한 일체형 시트 포스트도 있다.

⑨ 물통 케이지
물통을 보관하기 위한 부품. 다운 튜브와 시트 튜브에 장착하는 것이 일반적이다.

⑩ 앞 디레일러
앞 체인휠의 기어를 바꾸기 위한 변속기(derailleur. 디레일러). 평행 사변형 구조가 주류다.

⑪ 이너 기어 inner gear
앞 체인휠의 안쪽 기어. 바깥쪽(큰쪽)의 기어를 아우터(outer) 기어라고 한다.

⑫ 크랭크 crank
페달이 달려 있는 막대 모양의 부품. 체격에 맞춰서 길이를 선택한다. 165~175밀리미터 정도의 길이가 일반적이다.

⑬ 클릿 페달 cleat pedal
로드바이크의 경우 신발을 고정하는 클릿 유형이 일반적이다. 룩, 타임, 시마노 SPD-SL이 주류다.

⑭ PCD
기어를 고정하는 볼트 서클의 지름. 피치 서클 다이어미터(pitch circle diameter)의 약자다.

⑮ 새들
앉는 부분. 옛날에는 두꺼운 가죽을 사용했지만 요즘에는 플라스틱 베이스에 패드와 가죽을 붙인 유형이 일반적이다.

⑯ 타이어
로드바이크의 경우, 튜블러(tubular)와 클린처(clincher)가 일반적이며 튜브리스(tubeless)도 보급되고 있다.

⑰ 스포크 spoke
허브와 림을 연결하는 철사. 스테인리스 제품이 일반적이지만, 알루미늄이나 카본을 사용한 것도 있다.

⑱ 뒤 디레일러
뒤 스프라켓을 바꾸기 위한 변속기(디레일러). 시마노, 캄파놀로, 스램의 제품이 주류다.

⑲ 뒤 스프라켓
뒷바퀴에 장착된 기어. 시대와 함께 장수가 늘어나, 캄파놀로는 12단까지 만들었다.

※ 변속 레버부터 변속기, 기어 등을 종합적으로 설계한 컴포넌트가 주류다. 시마노, 캄파놀로, 스램의 제품이 있다.

프레임 소재의 100년 역사

로드바이크 프레임 소재는 크게 나눠서 스틸, 알루미늄, 티타늄, 카본의 네 종류다. 특수한 예로는 피나렐로 도그마와 같은 마그네슘 바이크도 있다. 또 알루미늄과 카본 백을 조합한 하이브리드 바이크도 많다.

100년 이상의 역사를 자랑하는 스틸

19세기 말에 현대적인 체인 구동 자전거가 완성된 이래, 100년이 넘는 세월 동안 스틸(크로몰리)이 로드바이크 프레임 소재의 왕으로 군림해왔다. 물론 지금은 알루미늄이나 카본에 그 자리를 넘겨준 감이 있다. 프로 선수의 세계를 살펴보면 스틸 프레임은 거의 멸종한 것이 현실이다.

스틸의 매력은 곧 빌더의 매력이라고 할 수 있을 것이다. 명장(名匠)으로 불리는 빌더의 손길이 닿으면 설령 같은 튜브를 사용했더라도 아주 잘 달리는 프레임이 완성되기 때문이다. 용접 방법이나 포크의 곡선, 러그나 시트 집합부의 형상 등에서 다양한 특색을 만들어낼 수 있다. 빌더들은 저마다 독자적인 철학과 노하우를 보유하고 있으며, 자신이 원하는 포크 블레이드와 다운 튜브를 조합하는 식으로 프레임을 만들 때도 종종 있다.

1960~1970년대에 세계 최강의 선수로 군림했던 에디 메르크스도 유능한

사상 최강의 선수 에디 메르크스는 마지와 콜나고, 데로사를 선택했다
1973년 투르 드 프랑스에서 콜나고가 만든 로드바이크를 타고 달리는 에디 메르크스. 에디 메르크스는 1971~1973년에 콜나고를 사용했다.(왼쪽)
에디 메르크스가 1973년에 타고 달렸던 자전거의 헤드 부분.(오른쪽) 포크 크라운에 있는 클로버 각인이 콜나고 제품임을 말해준다. 러그도 콜나고의 독자적인 디자인이다.

빌더들에게 매료되었던 사람이다. 그

는 1966년 푸조에서 프로로 데뷔하

자 이탈리아 밀라노의 피스타 비고렐

리(비고렐리 경기장)에 있는 팔리에로

마지를 찾아가 프레임 제작을 의뢰했

다. 그리고 푸조를 상징하는 색을 칠

한 그 프레임으로 1966년과 1967년

의 밀라노-산레모 경주에서 연속으

로 우승했을 뿐만 아니라, 1967년의

데로사는 지금도 스틸 프레임을 제작한다
많은 제조사가 스틸 프레임의 제작을 중지한 가운데,
메르크스가 사랑했던 브랜드인 데로사와 콜나고는 여
전히 스틸 프레임을 만들고 있다.

라 플레슈 왈롱과 겐트-베벨헴, 세계 선수권도 제패했다. 거장으로 칭송받는

팔리에로 마지가 제작한 프레임은 수많은 신봉자를 낳았는데, 파우스트 코피

와 피오렌조 마니, 자크 앙크틸 같은 쟁쟁한 챔피언들이 그가 제작한 프레임을

애용했다.

　에디 메르크스는 파에마 소속이었던 시기(1968~1970년)에도 팔리에로 마

지가 제작한 프레임을 사용했지만, 1971년 몰테니로 이적한 뒤에는 콜나고 프

레임으로 바꿨다. 콜나고의 총사(總師)인 에르네스토 콜나고는 에디 메르크스

의 요구에 맞춰 다양한 유형의 프레임을 제작했고, 에디 메르크스는 그 프레임

으로 온갖 레이스를 제패했다. 그중에서도 1972년의 아워레코드(hour record.

1시간 동안 얼마나 멀리까지 달릴 수 있는지 겨루는 경기-옮긴이) 세계 신기록 수

립은 금자탑이라고 할 수 있다.

　1974년이 되자 에디 메르크스는 우고 데로사에게 프레임 제작을 의뢰했다.

우고 데로사는 에디 메르크스의 온갖 요구에 부응해 연간 50대나 되는 프레임

을 제작했다. 에디 메르크스는 1978년에 은퇴하기까지 줄곧 우고 데로사의 프

레임을 이용했을 만큼 그가 만든 프레임을 사랑했다. 은퇴 후에 자신의 이름을

붙인 자전거 회사를 열었을 때도 우고 데로사에게 프레임 제작의 기본을 전수

했을 정도다. 우고 데로사는 매주 주말이 되면 비행기를 타고 밀라노에서 브뤼셀로 날아가 에디 메르크스 회사의 기술자들에게 프레임 제작 기술을 전했다.

스틸에 미래는 없는가?

일반 사용자에게 스틸은 여전히 매력적인 소재임이 분명하다. 가령 빌더에게 의뢰하면 사용자가 원하는 스켈레톤이나 튜브로 맞춤 프레임을 설계·제작해준다. 만에 하나 망가지더라도 스틸은 수리가 비교적 간단하다. 이 점은 아직도 알루미늄이나 티타늄, 카본 프레임이 따라잡지 못한 부분이다. 대형 제조사가 만든 로드바이크는 일반인의 체격과 능력

1972년 알란이 알루미늄 접착 프레임을 발표하다
신소재 프레임으로 일세를 풍미했던 알란이 세계 최초로 발표한 알루미늄 접착 프레임. 작은 브랜드이지만 선견지명은 놀라웠다.

에 맞춰서 설계한 까닭에 누가 타도 무난하다. 부담 없는 가격도 초보자에게는 고마운 요소다.

여기에 중량 문제로 스틸과 멀어졌던 사람들을 위해 콜럼버스의 울트라포코나 데다차이의 EOM 16.5로 대표되는 초경량 스틸 소재도 개발되고 있다. 이런 튜브를 사용하면 조금 무거운 알루미늄과 동등한 중량의 프레임을 제작할 수도 있다. 어쨌든 스틸은 아직 외면하기에는 아까운 선택지라고 할 수 있다.

자동차 제조사와 강판을 납품하는 금속 회사는 금속 내부의 결정 구조를 조절하는 방법으로 강도가 지금의 약 10배에 이르는 스틸을 개발 중이라고 한다. 자동차의 차체는 대부분 스틸로 만들어지므로 만약 이것이 실용화된다면 압도적인 경량화와 비용 절감이 가능하다. 그 소재를 자전거에 응용할 수 있다면

스틸 튜브도 알루미늄이나 카본과 어깨를 나란히 할 만큼 가벼워질지도 모른다. 이와 같이 스틸의 미래가 마냥 어둡기만 한 것은 아니다.

로드바이크 소재의 표준과도 같았던 알루미늄

과거 알루미늄이라고 하면 클라인이나 케논데일로 대표되는 미국 자전거의 이미지가 강했다. 그러나 콜럼버스 에어플레인이나 데다차이 SC61.10A 같은 유럽의 알루미늄 소재 자전거가 등장하면서 조금 사정이 달라졌다.

이탈리아의 알란이 처음으로 알루미늄 접착 프레임을 만들었던 1970년대에는 '알루미늄은 무르다'는 부정적인 이미지가 있었다. 이 선입견은 스틸 튜브와 마찬가지로 지름이 작은 스탠더드 케이지밖에 없었던 과거에나 통용되던 이야기다. 단면 두께가 얇고 지름이 큰 알루미늄 튜브가 일반화된 요즘에는 고강성에 중량이 5~8킬로그램인 경량 로드바이크가 당연해졌다. 용접을 이용한 가공법 덕분에 설계 자유도가 굉장히 높다는 점도 스켈레톤에 집착하는 라이더에게 사랑받는 요인이다.

또한 극단적으로 굵어진 알루미늄 메인 삼각에 카본 백(시트 스테이만 카본

1953년 프랑스에서 제조된 알루미늄 용접 탠덤 프레임
프랑스의 유명 빌더인 니콜라 바라가 제작한 알루미늄 용접 탠덤. 미국에서 MTB용으로 알루미늄 용접 프레임을 만들었을 때보다 훨씬 전인 1953년에 제작한 것이다.

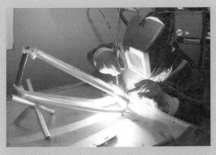

알루미늄 용접 분야의 최고 케논데일
클라인과 케논데일 같은 미국의 제조사가 TIG 용접을
이용해서 단면 두께가 얇고 지름이 큰 알루미늄 프레
임을 개발하자 알루미늄이 로드바이크용 소재로 널리
쓰였다.

알루미늄에 집착한 비앙키
카본이 전성기를 맞이한 뒤에도 레파르토 코르세(비
앙키의 레이스 자전거 개발 부문)에서 수제 제작한 알
루미늄 프레임은 우수했다. 사진은 다닐로 디 루카가
2006년에 사용했던 FG 라이트.

으로 만든 것-옮긴이)을 조합하자, 힘을 낭비하지 않으면서도 편안한 승차감을
실현한 프레임을 만들 수 있었다. 피나렐로가 1998년에 발표한 명작(名作) 프
린스에서 구현한 프레임으로, 2000년대 초엽에는 모든 제조사가 일제히 카본
백 프레임을 만들었다. 그러나 풀 카본 프레임이 대두하면서 현재는 소수파가
되어버렸다.

불가사의한 매력을 내뿜는 티타늄

인기 높은 카본의 그늘에 가려져 있지만 여전히 존재감을 자랑하는
소재가 티타늄이다. 라이트스피드나 파나소닉의 티타늄 프레임으로 대표되듯
이, 일반적으로 티타늄은 금속 소재 특유의 반응성과 우수한 강성, 편안한 승
차감을 겸비하고 있어 몸에 이로운 소재라고 할 수 있다.

티타늄에는 Ti-3Al-2.5V, Ti-6Al-4V 같은 종류가 있으며, Ti-6Al-4V
가 Ti-3Al-2.5V보다 강성이 높다. 참고로 Ti-3Al-2.5V란 '알루미늄 3퍼센
트와 바나듐 2.5퍼센트가 첨가된 티타늄 합금'이라는 의미다.

동서 냉전기에 미소 양국은 티타늄 합금을 군사용으로 활발히 사용했다. 소

1975년 영국 스피드웰의 티타늄 용접 프레임
세계 최초로 양산한 티타늄 용접 프레임이다. 당시는 아직 동서 냉전기여서 소련이 전략 물자인 티타늄을 통제
하고 있었기 때문에 소재를 구하는 일 자체가 매우 어려웠다.

런의 원자력 잠수함 중에는 함체 전체를 티타늄 합금으로 만든 것도 있는데,
천문학적인 비용이 들어갔을 것으로 생각된다.

티타늄이 프레임 소재로 채용된 시기는 1970년대 초엽이었다. 영국의 스피
드웰이 풀 티타늄 로드 프레임을 완성해 1975년에 발표했다. 이어서 1976년
에는 미국의 텔레다인이 풀 티타늄 로드 프레임을 발표했는데, 양쪽 제품 모두
가 스틸 프레임의 강성에는 크게 미치지 못해 몇 년 만에 모습을 감추고 말았
다. 그 후 신소재 프레임의 총아인 알란과 일본의 미야타, 스미토모 금속 등이
티타늄 프레임에 도전했지만 모두 큰 성공을 거두지는 못했다.

1990년대가 되자 미국의 라이트스피드와 마린 같은 티타늄 프레임 제조사
가 우수한 티타늄 프레임을 제작해 어느 정도 성공을 거뒀다. 특히 알루미늄
프레임이 보급되기 전인 1990년대 초반에는 프로 중에서도 에이스급 선수만
이 티타늄 프레임을 사용하는 현상도 나타났다.

현재는 편안한 승차감이 재조명되어 성인용 고급 자전거의 소재로 주목받

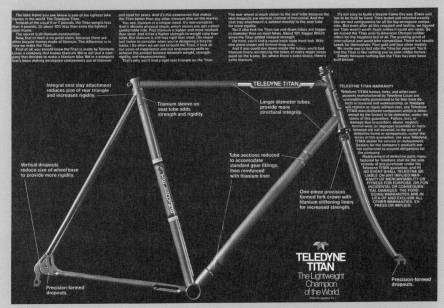

1976년 미국의 텔레다인이 개발한 티타늄 용접 프레임
티타늄의 단점을 보완하기 위해 튜브의 지름을 키웠지만 변속 레버의 밴드 지름에 제약이 있어서 그곳만 가늘게 만드는 고육지책을 쓸 수밖에 없었다. 결국 몇 년 만에 모습을 감추었다.

비앙키의 파리-루베 전용
티타늄 바이크

2004년 비앙키는 티타늄의 부드러운 특성을 살린 파리-루베 전용 티타늄 바이크를 생산했다. 마그누스 바크스테드(스웨덴, 알레시오)가 이 바이크로 우승을 차지했다. 카본 전성기인 지금은 금속 프레임 바이크를 타는 선수가 거의 없다.

고 있다. 티타늄은 결코 희귀 금속이 아니지만 군수용으로 귀중하게 취급하던 역사적 배경도 있어서 '불가사의한 소재'라는 이미지가 감돈다. 이런 점도 마니아가 생기는 이유일 것이다.

티타늄 소재는 승차감이 편안해서 파리-루베처럼 파베(울퉁불퉁한 돌길)에서 펼쳐지는 레이스에 적합하다고 알려져 있다. 이 때문에 비앙키 같은 제조사는 파리-루베 전용 스페셜 바이크에 티타늄을 사용하기도 한다. 2004년 파리-루베 레이스를 제패한 마그누스 바크스테드는 비앙키의 티타늄 바이크를 애용한 선수였다.

카본 프레임의 원류는 이탈리아의 알란

1972년 알란의 창시자인 로도비코 팔코니는 획기적인 '알루미늄 접착 프레임'을 개발했다. 알란의 알루미늄 프레임은 가벼워서 많은 선수의 사랑을 받았는데, 그중에서도 바이크를 '짊어지고 달리는 일'이 당연시되는 분야인 사이클로 크로스에서 압도적인 점유율을 차지했다. 팔코니는 알루미늄 프레임이 완성된 뒤에도 프레임을 더욱 가볍게 만들 방법을 모색했고, 마침내 카본 튜브를 사용한다는 아이디어를 떠올렸다. 당시는 아직 카본 소재가 생소했는

1970년대 카본 프레임의 시대를 연 알란
위 사진은 알란의 전통적인 카본 접착 프레임. 콜나고 같은 유명 브랜드에도 지대한 영향을 끼쳤다. 왼쪽은 알란의 창시자 로도비코 팔코니.

1980년대에 활약한 산악왕
루이스 에레라
비투스 카본 프레임을 사용한 콜롬
비아의 루이스 에레라는 1985년과
1987년에 투르 드 프랑스에서 산악
왕이 되었다.

데, 팔코니는 카본의 우수한 물리적 특성을 정확히 이해하고 있었다.

알란의 알루미늄 프레임은 알루미늄 튜브를 알루미늄 러그라는 이음매로 연결하는 형식이었다. 그 덕분에 알루미늄 튜브를 카본 튜브로 교체하는 방법으로 비교적 간단히 카본 프레임을 만들 수 있었다. 이렇게 해서 알란은 알루미늄 프레임을 발표한 지 불과 4년 후인 1976년에 카본 프레임을 세상에 내놓았다. 참고로 이 시기에 사용한 카본은 일본의 도레이 제품이었다.

알란이 만든 카본 프레임이야말로 세계 최초의 양산형 카본 프레임이며, 이후 카본 바이크 제작의 모범이 되었다. 그뿐만이 아니다. 콜나고는 자사의 첫 카본 프레임 제작을 알란에 의뢰해, 다운 튜브가 2개로 나뉜 '카르비투보'를 만들어냈다. 또 1991년에 세계 선수권을 제패한 이탈리아의 지아니 부뇨는 이듬해 1992년에 비앙키의 바이크를 몰고 2연패를 달성했는데, 그때 부뇨가 탔던 바이크는 비앙키가 알란에 의뢰해 제작한 카본 바이크였다.

여담이지만, 카본의 마술사로서 세계적인 인지도가 있었던 아만다 스포츠의 지바 요조는 1974년에 알란보다 먼저 카본 프레임의 프로토타입을 만드는 데 성공한 바 있다.

비투스가 투르 드 프랑스에서 대활약하다

원래 튜브를 만드는 회사였던 프랑스의 비투스는 알란에 자극을 받아 알루미늄 접착 프레임의 개발에 착수, 1981년 실용화에 성공했다. 비투스가 만든 이 알루미늄 프레임은 1982년에 프랑스의 프로 팀 'SEM 프랑스 루아르'에 공급되었다. 이 팀의 에이스인 '숀 켈리'(아일랜드)가 투르 드 프랑스에서 이 프레임을 타고 마요베르(스프린트 포인트가 가장 높은 선수가 입는 녹색 저지-옮긴이)를 획득했다.

비투스는 1983년에 알란과 같은 수법으로 프레임을 카본화했는데, 숀 켈리는 'KAS' 팀에 소속되었던 시절에 비투스 카본 프레임으로 클래식 레이스에서 우승을 했다. 또한 켈리는 네덜란드의 PDM으로 이적한 뒤에도 스폰서 계약을 맺지 않은 채 비투스의 카본 프레임을 사용했다.

비투스가 만든 카본 프레임은 콜롬비아의 '카페 드 콜롬비아' 팀에도 채용되어 루이스 에레라가 '투르 드 프랑스'에서 산악왕을 두 차례 차지하는 데 공헌했다.

TVT와 룩이 대유행하다

카본 프레임을 사용한 선수가 투르 드 프랑스에서 첫 우승을 차지한 해는 1986년이다. 그렉 르몽드가 팀 동료인 베르나르 이노와 함께 룩의 카본 프레임으로 우승을 달성한

선수들이 자비를 들여서 산 TVT
1986년 룩의 카본 프레임을 제조했던 TVT는 1988년에 독립했다. 그 후 페드로 델가도와 그렉 르몽드, 마우리시오 폰드리스트, 리샤르 비렝크 등 수많은 선수가 소속 팀의 컬러를 덧칠한 TVT를 사용했다.

것이다. 이때 사용한 룩의 프레임은 TVT가 제작을 담당했는데, TVT는 1988년에 독립해서 자사의 브랜드로 카본 프레임을 제작했다. TVT의 카본 프레임에도 일본 도레이의 제품이 사용되었는데, 탄성률이 당시로서는 도저히 40톤급이라고 생각할 수 없을 만큼 높았다. 그런 까닭에 TVT의 성능은 압도적이었다. 많은 프로 선수가 자비로 이 프레임을 구입해 소속 팀의 컬러를 칠하고 사용했을 정도다. 한편 룩도 직접 프레임을 제작해 KG96이라는 훌륭한 바이크를 만들었다. 22쪽 사진에서 베르나르 이노가 잡고 있는 바이크가 KG96인데, '도시바 룩' 팀에 채용되어 많은 대회에서 활약했다.

그 후 TVT는 1995년을 마지막으로 프레임 제작에서 손을 뗐지만, 프랑스의 타임이 기술을 계승해 오늘날까지 활용하고 있다.

콜나고가 러그를 카본화하다

1993년 이탈리아의 콜나고는 자사의 창립 40주년을 기념해 카본 바이크 'C40'을 발표했다. C40은 러그까지 카본으로 만든 획기적인 제품으로, 압도적인 경량성과 발군의 승차감, 높은 내구성을 실현한 제품이었다. 이 바이크는 각 프로 팀에 즉시 공급되어 많은 대회에서 대활약했다. 특히 1993년부터 2002년까지 활동한 이탈리아의 프로 팀 '마페이'는

알루미늄 전성시대인 1990년대에 카본 시대를 예견한 콜나고
콜나고 C40의 후계 모델 C50의 제조 작업. 1993년에 콜나고는 카본 튜브를 카본 러그로 연결하는 방법을 다른 회사보다 빨리 실용화했다.

무시무시한 기세를 자랑해서, 요한 무제우(벨기에)와 프랑코 발레리니(이탈리아), 안드레아 타피(이탈리아) 등이 C40을 타고 수많은 대회에서 승리했다.

콜나고가 대단한 점은 1990년대 후반에 알루미늄 열풍이 불었을 때도 '카본

1980년대에 카본 프레임을
세상에 퍼뜨린 룩
투르 드 프랑스 5회 종합 우승에 빛
나는 베르나르 이노가 타고 달린 룩
의 카본 프레임. 순식간에 대히트를
기록했다.

프레임이 더 우수하다'고 믿고 C40을 거듭 발전시킨 것이다. 프랑스의 룩이나
미국의 트렉처럼 같은 자세를 견지한 곳도 있었지만, 다른 수많은 제조사는 알
루미늄이라는 시대 흐름에 편승했다. 2000년경부터 다시 카본의 인기가 되살
아나자 각 제조사는 일제히 카본 프레임을 다시 제작했고, 불과 3년 만에 대부
분의 회사가 카본 모델을 라인업의 제일 앞쪽에 놓았다. 이런 흐름이 현재 카
본 전성기로 이어졌다.

타임 트라이얼 바이크의 변천

타임 트라이얼 바이크 분야에서 화제작을 만들어온 피나렐로. 대표작인 에스파다, 파리지나, 몬텔로를 소개한다.

미겔 인두라인의 TT 바이크
ESPADA(1994)
피나렐로의 기념비적인 첫 카본 모노코크 바이크. 아워레코드와 타임 트라이얼에 참가하는 미겔 인두라인을 위해 개발한 것으로, 한 가지 사이즈만 제작되었다.

얀 울리히의 TT 바이크
PARIGINA(1997)
에스파다가 미겔 인두라인을 위해 만든 바이크라면 '파리지나'는 울리히를 위해 만든 바이크라고 할 수 있을 것이다. 톱 튜브를 생략하고 시트 스테이를 낮춰서 새들 아래 부분의 공기가 흐트러지지 않고 후방으로 빠져나가도록 만드는 데 성공했다.

UCI의 룰 개정 때문에 태어난 TT 바이크 MONTELLO(2000)
2000년, UCI(국제사이클연맹)는 '개발력이 떨어지는 유럽의 중소 빌더를 보호한다'는 명목 아래 TT 바이크의 스펙을 크게 제한했고, 이에 따라 프레임은 삼각형으로 한정되었다. '몬텔로'는 새로운 규정을 바탕으로 제작한 TT 바이크다.

왼쪽이 오사카의 자전거 박물관 사이클 센터에 소장되어 있는 드라이지네 복제품. 프레임은 목제다.
오른쪽이 드라이지네를 발명한 카를 폰 드라이스 남작.

화산 분화가 낳은 드라이지네

현재 세계에서 가장 오래된 자전거로 인정받고 있는 것은 1817년
독일의 카를 폰 드라이스 남작이 발명한 '드라이지네'다. 그런데 여러분은
화산 분화가 드라이지네를 낳았다는 사실을 아는가?

1815년 인도네시아의 탐보라 화산이 대분화했는데, 화산재가 성층권까
지 날아가 차단막을 형성하는 바람에 1816년까지 세계적으로 이상 저온 현
상이 계속되었다. 이 때문에 목초가 부족해져 말이
대량으로 죽었고, 말을 대신할 이동 수단이 필요해
졌다. 그래서 당시 희대의 발명가로 유명했던 드라
이스 남작이 다리로 지면을 차면서 나아가는 이륜
차 '드라이지네'를 고안했다는 것이다. 만약 탐보
라 화산이 분화하지 않았다면 자전거는 조금 더 훗
날에 발명되었을지도 모른다.

드라이지네에는 드라이브
트레인(구동 장치)이 없었기
때문에 발로 지면을 차서 앞
으로 나아갔다.

CHAPTER 1

컴포넌트의 진화

1960년대까지는 크랭크와 프리휠, 브레이크 등 부품별로 전문 제조사가 여럿 존재했다. 그러나 이탈리아의 캄파놀로가 이러한 부품들을 종합적으로 설계하는 '컴포넌트'(component)라는 개념을 확립하면서 양상이 달라졌다.

01

캄파놀로의 컴포넌트

로드바이크를 만들 때면 누구나 '컴포넌트는 캄파놀로로 할까, 시마노로 할까, 아니면 스램으로 할까?'를 놓고 고민할 것이다. 부품 전체를 종합적으로 설계하는 '컴포넌트'라는 개념은 1950년대에 캄파놀로가 처음으로 확립한 것이다.

툴리오의 선견지명

　　로드바이크용 부품의 혁신이라는 측면에서 캄파놀로의 업적은 이루 헤아릴 수 없을 정도다. 퀵릴리스식 허브, 평행사변형식 디레일러, 5암 체인휠 등 훗날 레이스용 부품의 표준이 된 것들 중 다수를 개발했다.

　이런 부품들을 종합적으로 설계하는 '컴포넌트'라는 개념도 캄파놀로가 처음으로 생각해낸 것이다. 캄파놀로 이전에는 예를 들어 브레이크는 브레이크 전문 제조사가, 체인휠은 체인휠 전문 제조사가 만드는 것이 당연했다. 그러나 캄파놀로가 전문 제조사를 능가하는 고성능 부품을 차례차례 개발하면서 대부분의 전문 제조사는 도태되었다.

　컴포넌트라는 개념을 선도한 사람은 캄파놀로의 창업자인 툴리오 캄파놀로다. 그는 1950년대 초반에 이미 '경기용 부품은 동일한 회사가 동일한 콘셉트

1950년대 초반에 탄생한 캄파뇰로의 첫 컴포넌트 '그랑스포르트'

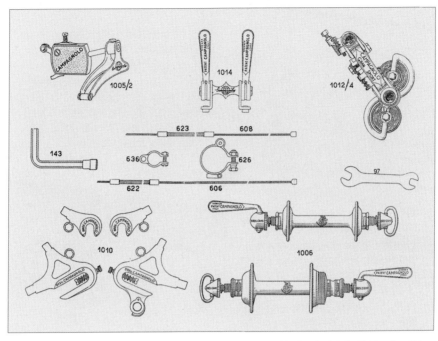

캄파뇰로의 첫 제품인 퀵릴리스식 허브에 그랑스포르트의 전후 디레일러 세트, 단조 엔드를 조합한 세계 최초의 레이싱 컴포넌트 '그랑스포르트'가 1950년대에 완성되었다.

그랑스포르트의 개발에 큰 영향을 끼친 파우스트 코피

1940~1950년대에 캄파뇰로는 이탈리아의 자전거 영웅 파우스트 코피의 의견을 중시했다. 1952년 그랑스포르트를 사용해 처음으로 투르 드 프랑스를 제패한 선수도 코피였다.

캄파놀로 컴포넌트 구조의 역사

1950년대 컴포넌트라는 개념의 탄생
(그랑스포르트 시대)

1951년에 발매된 획기적인 평행사변형식 뒤 디레일러 '그랑스포르트'. 오늘날 존재하는 모든 변속기의 원류라고 해도 과언이 아니다. 캄파놀로는 퀵릴리스식 허브와 단조 엔드, 슬라이드 샤프트식 앞 디레일러, 변속 레버 등을 조합해 '컴포넌트'라는 개념을 최초로 수립했다.

1970년대 컴포넌트의 완성
(레코드, 슈퍼 레코드 시대)

캄파놀로는 '경기용 부품은 동일 제조사가 동일한 콘셉트로 만들 때 더 높은 성능을 발휘한다'는 툴리오 캄파놀로의 지론 아래 1953년에 평행사변형식 앞 디레일러를, 1956년에 2볼트 시트 포스트를, 1958년에는 5암 체인휠을, 1968년에는 브레이크 세트를 차례차례 발표하며 서서히 컴포넌트를 완성했다.

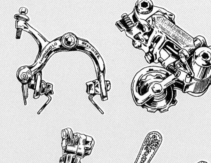

1985년 이후 컴포넌트의 전용 부품화

시마노의 인덱스 시스템에 자극을 받은 캄파놀로는 1987년에 인덱스 시스템을 갖춘 변속 레버 '싱크로'를 제작했다. 또한 1992년에는 시마노의 듀얼 컨트롤 레버에 대항해 '에르고 파워'를 완성했다. 이런 제품들은 타사 제품과 호환되지 않았기에 컴포넌트는 점차 자사의 전용 부품이 되었다.

1968년에 발표된 '레코드' 컴포넌트

1967년 알루미늄 합금으로 만든 '누보 레코드'(뒤 디레일러)가 발표되었고, 1968년 획기적인 브레이크 세트가 나오면서 비로소 '레코드' 컴포넌트가 완성되었다.

1970년대에 완성된
캄파놀로의 공구 키트

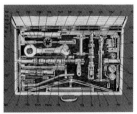

캄파놀로의 컴포넌트를 올바르게 장착하기 위해 개발된 공구 키트. 유럽의 자전거 정비공(mechanic)에게 없어서는 안 될 도구였다. 일류로 불리는 전문점의 필수 아이템이어서, 한때 "캄파놀로의 공구로 조립했습니다."가 일종의 선전 문구처럼 사용되었다.

1974년에 발표된 '슈퍼 레코드' 컴포넌트

1974년 밀라노 자전거 박람회에서 발표된 '슈퍼 레코드'는 뒤 디레일러의 피봇 볼트, BB 축, 페달 축, 허브 축에 티타늄을 사용하는 동시에 각 부품의 형상을 날렵하게 만들어 놀라운 경량화를 실현했다.

슈퍼 레코드의 개발에
큰 영향을 끼친 에디 메르크스

1960~1970년대에 세계 최강으로 군림했던 벨기에의 영웅 에디 메르크스는 바이크의 경량화에도 관심이 컸다. 슈퍼 레코드는 그의 아이디어를 바탕으로 완성된 것이다.

29

1985년에 완성된 'C 레코드' 컴포넌트

1985년 밀라노 자전거 박람회에서 발표된 'C 레코드'는 1950년대부터 장기간 군림했던 캄파뇰로의 기존 컴포넌트와는 전혀 다른 모습을 보여주었다. 현대적인 컴포넌트로 인덱스 변속 레버 '싱크로'를 처음으로 채용하기도 했다.

1992년에 완성된 에르고 파워를 포함한 '레코드' 컴포넌트

시마노의 STI에 대항하기 위해 캄파뇰로에서 에르고 파워(일명 엄지 변속)를 독자적으로 개발했다.

캄파뇰로의 광고 모델로서
중요한 역할을 한 미겔 인두라인

1991~1995년 투르 드 프랑스 5년 연속 우승을 달성한 인두라인은 보수적으로 부품을 선택했기 때문에 그에게 인정받는 것이 캄파뇰로에게는 무엇보다 중요했다.

로 만들 때 더 높은 성능을 발휘한다.'라고 생각하고 있었다. 그리고 1953년에 기존의 퀵릴리스식 허브와 그랑스포르트 디레일러를 조합한 최초의 컴포넌트 (캄파놀로는 '그룹 세트'라는 용어를 사용했다.)를 카탈로그에 실었다. 캄파놀로 의 컴포넌트가 화려한 첫발을 내딛은 것이다.

1960~1970년대에 컴포넌트를 완성하다

그 후 캄파놀로는 1956년에 2볼트 시트 포스트를, 1957년에 페달을, 1958년에 5암 체인휠을 잇달아 발표하며 컴포넌트를 더욱 충실히 만들어나갔 다. 1967년에 알루미늄 합금으로 만든 '누보 레코드'(뒤 디레일러)를, 1968년 에 브레이크 세트를 발표했다. 마침내 컴포넌트를 완성한 것이다.

1974년에 티타늄으로 만든 피봇 볼트와 BB 축, 페달 축을 갖춘 '슈퍼 레코 드'를 발표하면서 캄파놀로는 확고한 지위를 구축했다. 이후 'C 레코드'부터 인덱스 변속 레버나 통합 변속 시스템 등이 투입되면서 캄파놀로가 제작한 컴 포넌트는 전용 부품화의 길을 걸었다.

시마노의 컴포넌트

캄파뇰로가 컴포넌트라는 개념을 확립했다면, 일본의 시마노는 인 덱스 시스템과 STI 레버를 활용해 컴포넌트를 전용 부품화한 회 사다. '컴포넌트는 종합적으로 사용했을 때 더 높은 성능을 발휘한 다.'라는 툴리오 캄파뇰로의 생각에서 한 발 더 나아가 '컴포넌트 는 종합적으로 사용해야 하는 것'이라는 새 인식을 만들었다.

후발 주자의 이미지를 쇄신한 듀라에이스

시마노가 유럽에서 판매를 개시한 해는 1965년이다. 미국 시장 진출 에 성공한 시마노의 다음 목표는 유럽 진출이었던 것이다. 그러나 자전거 문화 의 역사가 깊은 유럽에 진출하는 것은 쉬운 일이 아니었다. 보수적이고 배타 적이었던 당시 유럽에서 동양의 이름 모를 제조사를 바라보는 눈은 매우 가혹 했다.

역시 유럽 시장에서 제대로 평가받으려면 고급 로드바이크 컴포넌트가 필 요했다. 이런 이유로 1973년에 탄생한 것이 듀라에이스다. 시마노는 벨기에의 프로 팀인 플란드리아와 계약을 맺고, 첫 유럽 스폰서 팀인 '시마노 플란드리 아'를 결성했다. 월터 호데프루트, 프레디 메르텐스, 미셸 폴렌티에 등의 활약 으로 듀라에이스와 시마노의 평판은 서서히 높아졌다.

1973년 시마노의 첫 로드바이크 컴포넌트 '듀라에이스'가 탄생

1세대 듀라에이스는 새로 개발한 앞 체인휠, 허브, 프리휠, 브레이크, 앞 디레일러, 변속 레버에 기존의 고급 뒤 디레일러 '크레인'을 조합한 것이다. 아직 캄파놀로의 레코드보다는 급이 떨어진다는 평이 있었지만, 저렴한 가격을 앞세워 유럽에서도 조금씩 점유율을 넓혀 나갔다.

혁신적인 실패작 듀라에이스 ax

그 후 듀라에이스는 EX로 진화하지만, 기본 구조 자체에는 이렇다 할 변화가 없었다. 그러나 1981년에 발표한 '듀라에이스 ax'에서는 시마노다운 도전을 다수 엿볼 수 있었다. ax의 가장 큰 매력은 높은 에어로 효과였다. 각 부품을 철저히 공기역학에 기반해 만들었고, 공기 저항을 20퍼센트 줄이는 데 성공한 것이다.

시마노의 생각과 달리 듀라에이스 ax의 판매는 신통치 않았다. 좌우로 돌출되는 부분을 최소화하기 위해 개발한 센터풀 형식의 브레이크를 조정하는 일이 어려웠고, 그 밖의 문제점도 많았다. 이런 이유로 듀라에이스 ax는 등장한 지 불과 3년 만에

1978년 원점의 컴포넌트라는 평가를 받은 듀라에이스 EX 발표

듀라에이스가 탄생한 지 5년 후, 프로 팀의 피드백을 반영한 '듀라에이스 EX'가 발표되었다. 신뢰성이라는 측면에서는 크게 진화했지만 진부함은 부정할 수 없어서, 발표 후 불과 3년 만에 모습을 감추고 말았다.

시마노 컴포넌트 구조의 역사

1973년 탄생한 '1세대 듀라에이스'의 뒤 디레일러 '크레인'

1973년에 탄생한 듀라에이스는 급하게 개발이 진행된 까닭에 뒤 디레일러에 기존 '크레인'이 채용되었다. 크레인이 1971년 대미 수출용으로 개발되었던 고급 디레일러이기는 하지만 역시 '이질적인' 느낌을 지울 수 없다. 1977년경에는 뒤 디레일러가 듀라에이스의 이름으로 시리즈에 추가되었다.

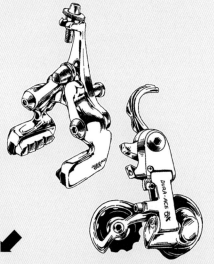

1981년 각 부품에 공기 역학을 도입한 '듀라에이스 ax' 등장

1981년 시마노는 공기 역학을 도입한 컴포넌트 '듀라에이스 ax'를 발표한다. 사내에 풍동 실험실을 만드는 등 개발에 약 50억 엔을 투입했지만 판매는 신통치 않았고, 몇 년 만에 모습을 감췄다. 그러나 ax는 시스템 컴포넌트의 이념을 철저히 추구한 컴포넌트였다.

1984년 SIS(Shimano Index System)를 채용한 '듀라에이스 7400시리즈' 등장

인덱스 변속 시스템 SIS를 탑재한 듀라에이스 7400시리즈는 시마노의 개발사(史)에서 찬란하게 빛나는 컴포넌트다. SIS를 이용해 그전까지 일정 수준의 기술이 필요했던 변속이라는 작업을 누구나 할 수 있도록 만든 것이다. 처음에는 "아이들 장난감이다."라고 말했던 프로 선수들도 어느덧 인덱스 시스템을 사용했다.

단종되고 말았다.

일반적으로 듀라에이스 ax는 실패작으로 평가받는다. 판매 실적이 별로였기 때문이다. 그러나 실패를 두려워하지 않고 새로운 것에 과감히 도전해 만들어낸 ax는 그야말로 시마노다운 제품이었다고 할 수 있다.

인덱스 변속 시스템으로 캄파놀로에 앞서 나가다

시마노는 듀라에이스 ax의 실패를 교훈 삼아 개발 목표를 '기능의 고도화'로 수정했고, 1984년에 '듀라에이스 7400시리즈'를 발표한다.(1985년 출시) 7400시리즈에서 가장 주목할 점은 인덱스 변속 시스템인 SIS 레버의 탑재다. 그전까지 일정 수준의 기술을 갖춘 사람밖에 하지 못했던 '변속'이라는 작업을 어제 처음 로드바이크를 탄 사람도 할 수 있도록 만든 것이다.

1981년 공기 역학을 도입한 컴포넌트 '듀라에이스 ax' 발표

각 부품의 공기 저항을 20퍼센트나 감소시킨 컴포넌트. 센터풀 형식의 브레이크를 조정하는 게 어렵다. 판매량은 전혀 기대에 미치지 못했지만, 새로운 것에 도전하는 시마노의 자세가 잘 드러난 컴포넌트였다.

시마노 본사에 만든 풍동 실험실
아직 디스크휠이나 스킨 수트도 없었던 시절, 시마노는 공기 역학을 바이크에 적용했다.

1984년 뒤 디레일러에 인덱스 시스템을 채용한 '듀라에이스 7400시리즈' 발표

획기적인 인덱스 변속 시스템 SIS를 채용한 컴포넌트. 완성도가 높았기에 1996년에 듀라에이스 7700시리즈가 등장하기 전까지 마이너 체인지를 거듭하면서 제일선에서 활약했다.

1990년부터 채용된 통합 변속 시스템 'STI 레버'
다운 튜브에 설치하는 인덱스 레버보다 변속 작업이 훨씬 간편한 혁신적인 제품. STI는 'Shimano Total Integration'의 약자다. 현재는 로드바이크의 표준 장비가 되었다.

이 제품이 처음 발매되었을 때 "인덱스 변속 시스템 같은 건 아이들 장난감이다."라고 말하는 프로 선수도 많았다. 그러나 편리성 때문에 프로 대회에서도 서서히 사용률이 높아졌고, 어느덧 많은 프로 선수가 인덱스 시스템을 사용하게 되었다.

1990년 인덱스 변속 시스템은 더욱 진화한다. 핸들에서 손을 떼지 않고 변속할 수 있는 듀얼 컨트롤 레버(일명 STI 레버)를 발표한 것이다.(1991년 출시) 이 역시 보수적인 유럽 선수들에게 받아들여지기까지는 몇 년이 걸렸지만, 지금은 로드바이크의 표준 장비가 되었다.

03

선투어의 컴포넌트

과거 일본 마에다 공업의 브랜드로서 일세를 풍미했던 선투어는 1990년대에 시마노와의 경쟁에서 패해 사라지고 말았다. 그러나 선투어는 슬랜트 팬터그래프 시스템, 마이크로 드라이브 등 획기적인 제품을 세상에 많이 내놓은 혁신적인 브랜드였다.

'선투어'는 과거 오사카 미나미카와치에 있었던 마에다 공업의 브랜드다. 원래 마에다 공업의 전문 분야는 변속기와 프리휠이었기 때문에 선투어 브랜드의 초기 품목은 그리 많지 않았다. 1970년대에 시마노(당시는 시마노 공업)가 컴포넌트를 생산하자 이에 대항하기 위해 기어 크랭크의 스기노 철공, 브레이크의 요시가이 기계 금속, 페달의 미카시마 제작소, 허브의 산신 기연 등과 손을 잡고 선투어라는 브랜드로 컴포넌트를 생산했다.

각 회사의 규모는 작았지만 전문 제조사의 노하우가 담긴 부품들은 하나같이 고성능이었던 까닭에 선투어는 시마노를 상대로 한동안 선전할 수 있었다. 그러나 1990년대가 되자 기술력과 영업력의 차이가 확연해졌고, 사카에 윤업, 모리 공업 등과 몇 차례의 흡수 합병을 반복한 끝에 브랜드의 정체성은 소멸되고 말았다. 현재 타이완에서 'SR 선투어'라는 브랜드로 명맥을 유지하고는 있

1960년대 세계 최초로 슬랜트 팬터그래프 시스템을 채용한 컴피티션

동시대의 보급형 모델인 스키터 보급형 모델인 스키터에도 슬랜트 팬터그래프 시스템이 채용되었다. 이 모델은 로 노멀로, 당시에 보급형 스포츠 자전거나 산악자전거에 많이 쓰였다.

1960년대에 등장한 레이스용 뒤 디레일러 '컴피티션'은 슬랜트 팬터그래프 시스템을 채용한 획기적인 변속기였다. 현대 뒤 디레일러의 원형이라고 해도 과언이 아닐 정도다. 뒤에서 보면 팬터그래프 부분이 비스듬하게 기울어져 있는 것을 잘 알 수 있다. 또한 로 노멀(low normal, 변속 레버를 되돌린 상태에서 기어가 로에 들어간다.) 유형인 '그랑프리'라는 모델도 있었다.

지만, 과거의 모습은 찾아보기 어렵다.

시마노도 탐냈던 슬랜트 팬터그래프 시스템

마에다 공업이 1960년대에 개발한 '슬랜트 팬터그래프 시스템'은 실로 획기적인 아이디어였다. 이에 당시 시마노 공업은 서보 팬터그래프로 대항했지만, 역시 슬랜트 팬터그래프의 변속 성능이 더 우수했기 때문에 1984년 마에다의 특허가 만료되자 슬랜트 팬터그래프를 채용했다.

시마노는 1984년에 발표한 듀라에이스 7400시리즈부터 슬랜트 팬터그래프를 채용했고, 현재는 캄파뇰로와 스램도 전부 슬랜트 팬터그래프 시스템을 채용하고 있다. 그런 의미에서 선투어의 정신은 지금도 각 제조사의 부품 속에서 살아 숨 쉬고 있다고 할 수 있다.

선투어 컴포넌트 구조의 역사

1960년대에 개발된 슬랜트 팬터그래프 시스템의 뒤 디레일러

캄파뇰로가 '세로 메카'의 선구자라면 '가로 메카'의 선구자는 선투어다. 그들은 팬터그래프 부분을 비스듬하게 만들기 위해 슬랜트 팬터그래프 시스템을 개발했다. 이 시스템 덕분에 풀리가 프리휠을 따라 움직일 수 있었고 변속 기능이 크게 향상되었다. 지금은 시마노와 캄파뇰로도 슬랜트 팬터그래프 시스템을 채용하고 있다.

1980년대 허브, BB, 풀리 등에 카트리지 베어링을 채용해 압도적인 회전 성능을 실현하다

선투어가 이룬 혁신을 일일이 소개하려면 한도 끝도 없는데, 그중에서도 한 가지를 꼽자면 회전 성능의 개선일 것이다. 지금은 허브나 BB, 풀리에 카트리지 베어링을 사용하는 경우가 드물지 않지만, 선투어는 이미 1980년대에 카트리지 베어링을 접동부에 채용했다.

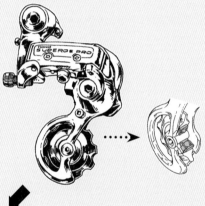

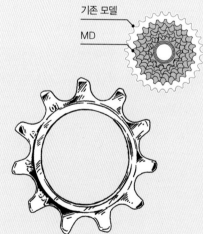

기존 모델

MD

1990년대 초반

카세트 스프라켓의 톱에 처음으로 11T를 채용해 드라이브 트레인을 소형화

1991년에 선투어는 그전까지 48×12T나 46×12T가 당연시되었던 MTB의 톱 기어에 42×11T를 사용해 드라이브 트레인 전체를 소형화했다. 이것을 'MD'(마이크로 드라이브)라고 한다. 시마노도 곧 이를 뒤쫓아 '하이퍼 드라이브 C'를 발표했다. 이와 같이 선투어의 상품 기획력은 천하의 시마노를 당황케 할 만큼 우수했다.

1992년 카트리지 베어링을 곳곳에 채용한 최고급 컴포넌트 '슈퍼브 프로'

1980년대에 선투어는 최고급 로드 컴포넌트인 슈퍼브 프로의 회전 부분에 차례차례 카트리지 베어링을 채용해 나갔다. 사진은 1992년에 발표한 최종 모델이다. 허브와 BB, 뒤 디레일러의 풀리부터 피봇 볼트에 이르기까지 거의 모든 접동부에 카트리지 베어링이 들어갔다.

슈퍼브 프로를 사용한 스티브 룩스
1991년 네덜란드의 버클러 팀은 슈퍼브 프로를 채용했다. 이 팀의 에이스인 스티브 룩스는 세계 선수권 대회에서 지아니 부뇨, 미겔 인두라인에 이어 3위를 차지했다.

1991년 톱 11T로 소형화한 드라이브 트레인, MD

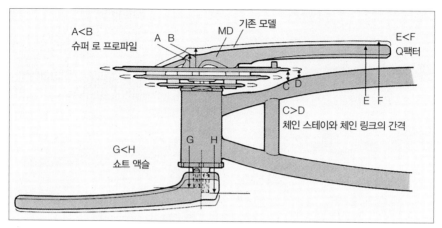

1991년 선투어는 그때까지 12T였던 카세트 스프라켓의 톱 기어를 11T 로 바꿔서 드라이브 트레인을 소형화했다. 이를 MD라 한다. MD는 경량화, 지면과의 클리어런스 확보, 변속 성능의 향상, Q팩터의 감소 등 여러 이점이 있었다.

MD를 채용한 MTB 컴포넌트의 톱 모델 'XC 프로'

선투어의 MTB 컴포넌트에는 톱 모델인 XC 프로 외에 XC COMP, XC LTD 등이 있었는데, 상위 2기종에 MD가 도입되었다. 스페셜라이즈드를 비롯한 많은 브랜드에 채용되었으며, 유명 산악자전거 라이더인 네드 오버렌드도 애용자였다.

회전 성능의 추구

선투어를 이야기할 때 빼놓을 수 없는 한 가지는 회전 성능을 향한 그들의 끝없는 집착이다. 지금이야 회전 부분에 카트리지 베어링을 채용하는 경우가 드물지 않지만, 아직 컵 앤드(&) 콘이 전성기였던 1980년대부터 선투어는 허브와 BB, 페달, 풀리 등에 카트리지 베어링을 채용했다. 슈퍼브 프로의 마지막 모델은 뒤 디레일러의 피봇 부분에도 카트리지 베어링을 채용했다. 여기에는 텐션 스프링이 들어 있는데, 체인 텐션이 주행 저항이 되는 것을 최소화하고자 카트리지 베어링을 넣은 것이다.

시마노 STI 레버에 패배한 통합 변속 시스템 '커맨드 시프터'

커맨드 시프터는 시마노의 STI 레버보다 먼저 발표한 통합 변속 시스템이다. 조작성은 그리 좋은 편이 아니었지만 변속 레버를 브라켓 근처에 배치한다는 발상은 획기적이었다. 커맨드 시프터에 자극받은 시마노가 STI 레버를 개발했다는 것은 부정할 수 없는 사실이다.

11T의 톱 기어로 드라이브 트레인을 소형화

선투어가 고안한 아이디어 가운데 잊어서는 안 될 것이 또 하나 있다. 1991년에 발표한 MTB 컴포넌트인 MD(마이크로 드라이브)다. 이것은 카세트 스프라켓의 톱 기어에 11T를 사용해서 드라이브 트레인 전체를 소형화한 것이다. 단순한 발상이지만 이것을 처음으로 실천했다는 점은 높게 평가받아야 할 것이다.

MD에는 이점이 많았다. 경량화, 지면과의 클리어런스 확보, 변속 성능의 향상 등을 이뤘다. 이 외에 Q팩터(양 크랭크 사이의 거리)를 감소하는 데도 성공했다. 이는 프레임과 잘 간섭하지 않아 얻은 이점이다. MD는 특허와는 관계가 없었기 때문에 시마노도 1995년에 '하이퍼 드라이브 C'를 개발해 데오레 시리즈에 도입했다.

04

마빅의 컴포넌트

마빅은 흔히 1926년 세계 최초로 알루미늄 합금 림을 개발한 림·휠 전문 제조사로 알려져 있다. 하지만 1980~1990년대에는 컴포넌트 제조사로서도 한 세대를 풍미했다. 그런 마빅의 컴포넌트를 재조명해보자.

레이스 마니아, 브루노 고망

1889년 샤를 이두와 루시앙 샤넬은 자전거 부품을 만드는 회사인 Manufacture d'Articles Vélocipédiques Idoux et Chanel(이두 & 샤넬 자전거 부품 제조소)을 리옹에 설립했다. 마빅(MAVIC)은 이 회사 명칭의 머리글자를 딴 것이다. 당시는 머드가드가 주요 제품이었지만 1926년에 세계 최초로 알루미늄 합금 림을 발표해 크게 화제가 되었고, 5년 후인 1931년에는 투르 드 프랑스에도 데뷔했다. 알루미늄 림의 성공으로 마빅은 전문 제조사의 길을 걸었다. 그 후 마빅은 리옹의 실업가 앙리 고망을 사장으로 영입해 순조롭게 성장했다. 1966년에는 앙리 고망의 아들인 브루노 고망이 사장으로 취임했고, 리옹 근교에 공장을 건설하고 회사명도 MAVIC SA(마빅 주식회사)로 바꿨다.

브루노 고망은 지금도 사원들에게 널리 회자될 만큼 호쾌한 인물이었다. 유

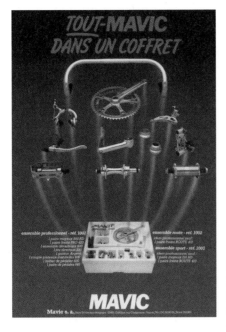

1979년에 발표한 첫 컴포넌트
브루노 고망의 꿈을 담아 1979년에 발표된 첫 컴포넌
트. 전후 디레일러, 허브, 크랭크 세트, 브레이크 외에 핸
들 바와 스템도 포함되었다. 'TOUT MAVIC'(전부 마빅)
이라는 문구가 자랑스럽게 적혀 있다.

명한 레이스 마니아여서, 직접 서포트 카(support car)의 핸들을 잡고 투르 드
프랑스에 참가했다. 1977년에는 투르 드 프랑스를 유치해, 마빅의 공장을 제
19스테이지의 출발 지점으로 삼았다. 이때 브루노가 선수와 관계자, 기자들에
게 호화로운 식사를 제공했다는 일화도 남아 있다.

프랑스 최초의 컴포넌트

브루노 고망의 야망은 컴포넌트 개발이었다. 당시 대회에 참가한 선
수들의 자전거에는 대부분 캄파놀로의 부품이 사용되었고, 다만 푸조 같은 일
부 프랑스 팀이 자국에서 만든 부품을 사용할 뿐이었다. 당연히 컴포넌트는 존
재하지 않아서 크랭크는 스트롱라이트, 브레이크는 마팩, 변속기는 생플렉스
등 많은 제조사의 부품을 모아서 자전거를 만드는 식이었다.

이 무렵 프랑스의 전문 제조사들도 캄파놀로의 공세에 위기감을 느끼고

마빅 컴포넌트 구조의 역사

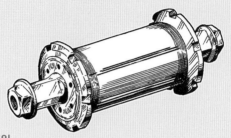

일찍부터 회전 부분에 실드 베어링을 도입

앞서 소개한 선투어와 공통되는 점인데, 일찍부터 회전 부분에 실드 베어링을 도입해 회전 성능과 유지 관리성의 향상을 꾀했다. 특히 카트리지식 바텀 브라켓은 시마노와 캄파놀로에도 큰 영향을 끼쳐서, 두 회사 모두 훗날 같은 제품을 라인업에 추가했다.

요시가이 제품

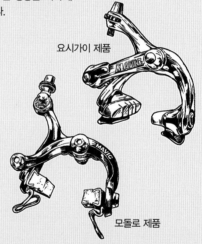

모돌로 제품

세계 최초의 전동 변속기

2009년 시마노 듀라에이스 Di2가 발표되어 화제를 모았고, 캄파놀로도 전동 변속기를 개발 중이었지만 이 분야의 원조는 마빅이다. 그들은 1993년에 'ZAP 시스템'을 발표했다. 1999년에는 무선식 전동 변속기 '메카트로닉'을 완성했지만, 당시 시장에서 받아들여지지 못하고 모습을 감췄다.

타사의 부품도 도입해 구성한 컴포넌트

선투어도 그랬지만, 림 제조사인 마빅이 컴포넌트를 만들기에는 노하우가 부족했다. 그래서 타사에 부품 생산을 의뢰해 마빅의 브랜드로 판매하는 수법을 채택했다. 오른쪽의 브레이크는 1980년대 제품으로 이탈리아의 모돌로에서 만들었으며, 왼쪽은 1990년대 제품으로 일본의 요시가이가 만들었다.

마빅을 만든 사람들
앙리 고망(왼쪽 사진)은 1889년에 샤를 이두와 루시앙 샤넬이 창설한 마빅을 거대한 회사로 성장시켰다. 또한 1966년에는 아들인 브루노 고망(오른쪽 사진)이 경영을 이어받아 회사를 더욱 성장시켰다. 마빅의 첫 컴포넌트를 기획한 사람도 브루노였다.

STC(Sélection Tricolore Course)라는 공동 사업을 전개하고 있었다. 스피델이라는 이름으로 컴포넌트를 만들기도 했다. 그러나 이것은 기존 부품에 '스피델'이라는 딱지를 붙였을 뿐, 진정한 의미의 컴포넌트라고는 말하기 어려웠다. 브루노 고망도 프랑스의 이런 상황에 속을 태우던 사람이었다.

브루노 고망의 꿈은 높았지만, 림 전문 제조사인 마빅이 느닷없이 컴포넌트를 만들어낼 수는 없었다. 브루노 고망은 자사에서 만들지 못하는 부품을 생플렉스나 모돌로 같은 전문 제조사에 생산을 의뢰해 컴포넌트를 조립하기로 했다. 이렇게 해서 1979년 프랑스 최초의 컴포넌트가 완성되었다.

1980년대의 약진, 1990년대의 쇠퇴

마빅의 컴포넌트는 1980년대에 크게 활약했다. 그중에서도 스킬셈과 그 후계 팀인 카스에 소속되었던 아일랜드인 선수 숀 켈리의 활약은 압도적이었다. 그는 마빅의 컴포넌트와 함께 밀라노-산레모, 파리-루베, 리에주-바스토뉴-리에주, 지로 디 롬바르디아 등의 클래식을 잇달아 제패했다. 그중에서도 1982~1988년의 파리-니스 7연패는 지금까지 누구도 깨지 못한 금자탑이다.

이러한 활약에 힘입어 마빅의 컴포넌트는 크게 매출을 늘려나갔다. 그러나

1980년대에 활약한 마빅의 컴포넌트

1980년대에 마빅의 컴포넌트로
수많은 클래식 대회를 제패한 숀 켈리

숀 켈리는 1980년대에 활약한 최강 레이서다. 그는 마빅의 컴포넌트와 함께 파리-니스 경주 7연패(1982~1988년)했고, 파리-루베(1984, 1986년), 리에주(1984년) 등도 제패했다.

1980년대에 마빅의 컴포넌트는 스킬셈, 카스, RMO, ADR 등의 팀에 공급되어 투르 드 프랑스와 세계 선수권, 수많은 클래식 대회를 제패하는 활약을 보였다. 뒤 디레일러는 풀리 케이지를 움직여서 커패시티를 바꿀 수 있는 구조로, 변속 성능도 높았다. 또 생플렉스의 OEM이었던 변속 레버는 리턴 스프링을 내장한 덕분에 리턴이 가벼워서 캄파뇰로 사용자들도 많이 사용했다.

1990년대에 활약한 마빅의 컴포넌트

1993년에 발표된 세계 최초의 전동 변속기 ZAP 시스템
전동 변속기라고 하면 듀라에이스 Di2가 화제를 모았지만, 레이스용 전동 변속기의 원조는 마빅의 ZAP 시스템이다. 유선식이며 신뢰성이 높아서 타임 트라이얼을 중심으로 쓰였다. 전지를 핸들 바에 내장해서 외관도 날렵했다.

1989년에 마빅은 특유의 볼록한 크랭크와 슬랜트 팬터그래프 시스템의 뒤 디레일러, 다이아콤페 BRS-500을 바탕으로 한 브레이크 등을 도입하며 컴포넌트 분야에서 풀 모델 체인지를 단행했다. 이 컴포넌트는 RMO, Gan 등의 팀에 공급되었으며 투르 드 프랑스의 여러 스테이지와 부엘타 아 에스파냐에서 승리하는 데 일조했다. 이 밖에도 파리─루베, 지로 디 롬바르디아 등의 클래식에서 승리를 거두며 좋은 성과를 보여줬다.

1990년대가 되자 시마노와 캄파놀로의 통합 변속 시스템에 대응하지 못해 매출이 서서히 하락했다. 1993년에는 전동 변속기 ZAP 시스템을 내놓으며 대항해봤지만, 당시는 아직 전동 메카닉을 받아들일 만큼 시장이 성숙되지 않았다. 재기를 꿈꾸며 1999년에 발표한 무선식 전동 변속기 '메카트로닉'도 시장에서 받아들여지지 않자 결국 컴포넌트에서 손을 떼고 말았다. 그러나 마빅의 담당자는 "아직 우리는 컴포넌트를 포기하지 않았다."라고 말한다. 언젠가 다시 부활하기를 기대한다.

05

스램의 컴포넌트

캄파놀로와 시마노가 양분하던 로드 컴포넌트의 세계에 스램이
'포스' '라이벌' '레드'를 앞세워 뛰어들었다. 스램이란 회사의 기원
을 거슬러 올라가면 1970년대까지 활약했던 프랑스 제조사에 도
달한다. 여기에는 유럽과 세계 경제의 축소 양상, 세계화의 역사가
담겨 있다.

경제 통합에 농락당한 프랑스의 부품사들

타임 트라이얼의 스페셜리스트 파비앙 칸첼라라가 소속된 삭소뱅크
와 라디오쉑이 채용해 유명세를 떨친 스램의 시작은 매우 흥미롭다. 1958년에
발족한 EEC(유럽 경제 공동체)는 경제 통합이라는 목표를 위해 '관세 동맹'이
라는 것을 만들었다. 이것은 동맹국 사이의 관세를 폐지해 EEC에 속한 나라
끼리의 무역을 활성화하는 한편, 대외적으로는 '대외 공통 관세'를 적용해 외
국(특히 미국과 일본)의 수출 공세로부터 EEC의 산업을 보호하기 위한 조치였
다. 관세 동맹은 물론 캄파놀로나 프랑스의 자전거 부품 제조사도 보호했다.

관세 동맹은 1967년에 EC(유럽 공동체)가 발족한 뒤에도 계승되었는데, 역
시 미국이 잠자코 있지 않았다. 유럽에 맹렬하게 직접 투자를 시작한 것이다.
이 일은 단기적으로 유럽의 승리로 끝난 듯이 보였다. 그러나 이 탓에 미국의

경상 수지가 급속히 악화되어 달러의 신용도가 크게 떨어졌다.

1971년 미국 대통령인 리처드 닉슨이 이른바 '닉슨 쇼크'를 발표했다. 즉 달러와 금을 교환하는 일을 중단했고 변동 환율제를 도입했다. 이에 따라 유럽의 각 통화는 상대적으로 가치가 상승했고, 이것이 수출 경쟁력의 악화로 이어졌다. 그런 의미에서 관세 동맹은 생각지 못한 보복을 당한 셈이다.

또한 1970년대에 두 차례의 석유 파동이 세계 경제를 휩쓸면서 유럽은 '물가 상승' 'GDP 저하' '국제 수지 악화'라는 삼중고에 시달리게 되었다. 물론 미국과 일본도 석유 파동의 영향을 받았지만 유럽에 비하면 위기에서 빠르게 탈출했다.

EC가 석유 파동의 여파 때문에 다시 일어서지 못한 이유는 여러 가지가 있다. 먼저 미국이나 일본에 비해 경영자가 보수적이어서 새로운 기술 개발이나 산업 구조 조정을 게을리한 점을 들 수 있다. 또한 프랑스의 사회당이나 영국

1970년대에 활약한 프랑스 전문 제조사의 부품들

휴레 '주빌리'(디레일러)
1920년대부터 꾸준히 판매된 휴레 최후의 걸작. 뒤 디레일러로서는 압도적인 가벼움(135그램)을 자랑해 초경량 자전거에 사용될 정도였다. 하부 피봇 볼트와 상부 풀리의 축이 공용인 것이 특징이다.

마이야르 '700'(허브)
캄파뇰로 레코드의 우수한 회전 성능을 능가한다는 목표로 개발된 고급 허브. 마이야르는 우수한 프리휠도 만들었던 제조사로, 삭스의 카세트 스프라켓의 기초를 확립했다.

세디스 '세디스포르'(체인)
'늘어나지 않는 체인'으로 프로 선수들의 절대적인 지지를 받았던 최고의 체인. 삭스에 인수된 뒤 캄파뇰로에도 기술이 제공되어 캄파뇰로 체인의 기초가 되었다.

스램 컴포넌트 구조의 역사

1950~1970년대에 변속기 분야에서 활약한 프랑스 제조사 휴레

19세기 말에 활약한 프랑스 선수 콘스탕 휴레가 1920년대에 설립한 '휴레'는 프리휠과 크랭크 등을 만들었던 회사다. 그중에서도 변속기는 특히 유명해서, 1953~1955년에는 루이종 보베가 휴레의 변속기로 투르 드 프랑스 3연패를 달성했다. 1980년대에 삭스에 인수되었다.

프랑스의 전문 제조사를 인수해 컴포넌트를 판매한 독일 제조사 삭스

자동차 서스펜션으로 유명한 독일 기업 삭스는 친환경 시대가 올 것이라고 내다보고 1980년대에 사양길이었던 프랑스의 자전거 부품 전문 제조사를 인수해 컴포넌트 시장에 뛰어들었다. 그 결과 어느 정도의 성공을 거두기는 했지만, 1997년에 자전거 부문을 스램에 매각하고 자전거 업계에서 완전히 철수했다.

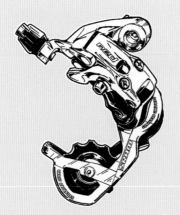

삭스의 자전거 부문을 매수해 컴포넌트를 판매한 미국 제조사 스램

스램은 1988년부터 삭스에 그립 시프트를 공급하며 제휴 관계를 맺고 있었지만, 로드 컴포넌트를 만드는 노하우는 없었다. 그래서 1997년 삭스의 자전거 부문을 인수해 로드 컴포넌트 개발에 착수했다. 처음에는 스프라켓을 만들 뿐이었지만 2006년에 포스, 2007년에 레드를 발표하며 본격적으로 로드 컴포넌트 시장에 참여했다.

의 노동당, 독일의 사회 민주당으로 대표되는 좌파 정당이 약진해 임금이 물가와 연동되어 상승하는 '인덱세이션' 정책을 도입해서 불황 속에서도 기업의 고비용 체질이 개선되지 못한 점 또한 이유가 될 것이다.

그러는 사이 미국과 일본의 상품이 유럽 시장으로 밀려 들어왔고, 전자 제품이나 개인용 컴퓨터 등의 분야에서는 시장을 거의 독점당할 지경에 이르렀다. 시마노도 그런 흐름에 편승한 기업 중 하나였다. 원래 중소기업이 많았던 프랑스의 자전거 산업은 이 공세를 견뎌내지 못하고 잇달아 폐업 위기에 몰렸다.

독일의 삭스가 구원의 손길을 내밀다

프랑스의 자전거 제조사들이 경제 위기에 봉착하자, 비교적 형편이 좋았던 독일 기업이 그들에게 구원의 손길을 내밀었다. 바로 독일의 자동차 부품 제조사인 삭스가 주인공이었다. 삭스는 프랑스의 휴레와 마이야르, 세디스 등을 인수해 자전거 컴포넌트를 만들 계획을 세웠다. 삭스의 이런 행보를 이해하려면 당시 독일의 사회정치적 배경을 살펴봐야 한다.

1980년대에 산성비의 영향으로 슈바르츠발트(검은 숲)의 나무가 말라죽고 '탈(脫) 자동차 사회' '생태학'을 부르짖는 여론의 목소리가 높아지자, 녹색당이라는 환경 정당이 약진했다. 이런 상황 속에서 삭스는 자동차 산업의 쇠퇴를 감지했고, 기업의 생존을 위해 자전거 컴포넌트 시장에 뛰어들기로 결심한 것이다.

그러나 하이브리드 자동차와 연료 전지 자동차 등이 개발되자, 삭스는 자동차 산업의 미래가 어둡지 않다는 점을 알아챘다. 이에 삭스는 채산성이 높지 않았던 자전거 부분을 협력 관계였던 미국의 스램에 매각했다.(1997년) 스램은 삭스로부터 이어받은 기술을 활용해 2006년에 로드 컴포넌트인 '포스'를, 2007년에 '레드'를 완성했다.

현재 세계 자전거 산업의 중심지는 타이완이며, 스램의 컴포넌트도 대부분

1990년대에 활약한 삭스의 부품

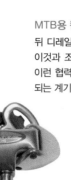

MTB용 컴포넌트 '쿼츠'(디레일러)
뒤 디레일러의 풀리 케이지 형상을 스램이 계승했다.
이것과 조합하는 그립 시프트가 스램 제품이었는데,
이런 협력 관계가 삭스의 자전거 부문이 스램에 인수
되는 계기가 되었다.

로드용 최고급 컴포넌트 '뉴 삭스'(통합 변속 레버)
삭스에는 통합 변속 레버를 만드는 노하우가 없었기
때문에 이 부분은 캄파놀로의 OEM으로 해결했다. 그
대신 삭스는 우수한 체인 기술을 캄파놀로에 제공했다.

Gan 팀에서 활약한 TT의
스페셜리스트, 크리스 보드만
삭스의 최고급 컴포넌트 '뉴 삭스'는
1994~1997년에 프랑스의 Gan
팀에 공급되어 투르 드 프랑스에서
빼어난 성적을 남겼다. 그중에서도
타임 트라이얼에서 활약한 크리스
보드만은 유명하다.

타이완에서 생산되고 있다. 포르투갈에서 세디스에게 전수받은 우수한 체인 기술을 이용해 체인을 생산하고 있을 뿐이다. 미국과 유럽의 경제 마찰 속에서 탄생한 관세 동맹이 결과적으로 프랑스의 수많은 자전거 제조사를 폐업으로 몰아넣고, 결국 미국의 손에 넘어가도록 만든 것은 참으로 얄궂은 일이지만, 이런 것이 세계화의 한 모습이 아닐까 싶다.

2009년 투르 드 프랑스를 제패한 스램의 컴포넌트

2007년 처음으로
프로 레이스에 투입된 '포스'
2006년 스램은 마침내 로드 컴포넌트 '포스'와 '라이벌'을 발표한다. '포스'는 스페인의 사우니에 듀발에 공급되었다. 이 컴포넌트에는 휴레와 마이야르, 세디스의 기술이 살아 숨 쉰다. 뒤 디레일러는 하부 피봇과 상부 풀리의 축을 공용하는 휴레의 스타일로 돌아왔다.

2008년 처음으로
프로 레이스에 투입된 '레드'
'레드'는 2007년에 발표된 스램의 최고급 로드 컴포넌트다. 카본 부재를 아낌없이 사용해 모든 부품이 스램의 경쟁사인 시마노나 캄파뇰로보다 가볍다. 프랑스의 기술력과 미국의 설계 기획력, 타이완의 제조 가공 기술력이 결합된 글로벌 컴포넌트이기도 하다.

1870년에 제작된 프랑스의 레이스용 벨로시페드. 속도를 내기 위해 앞바퀴를 크게 만든 것이 특징이다.

지극히 고급스러운 탈것이었던 벨로시페드

벨로시페드는 19세기 산업 혁명기에 등장했다. '인간의 힘을 동력으로 삼은 탈것'의 총칭이었으며 이륜, 삼륜, 사륜이 존재했다. 이륜 벨로시페드는 페달을 앞바퀴에 장착하는 것이 일반적이었으며, 훗날 페니파싱(이른바 빈폴 자전거)으로 이어진다. 삼륜과 사륜은 증기 기관을 이용해서 뒷바퀴를 구동하는 것이 일반적이었다.

당시 벨로시페드는 매우 고가의 탈것이었기 때문에 귀족과 부유층만이 소유할 수 있었다. 예를 들어 벨로시페드 제조 회사인 '피에르 미쇼'의 1867년 가격표를 보면 500~625프랑이라는 가격이 적혀 있다. 당시 노동자의 하루 임금이 3~5프랑 정도였고, 프랑스인의 주식이었던 빵의 가격이 1킬로그램당 40상팀(=0.4프랑) 정도였음을 감안해 벨로시페드의 가격을 현재 가치로 환산하면 1,000만 원 정도였던 셈이다.

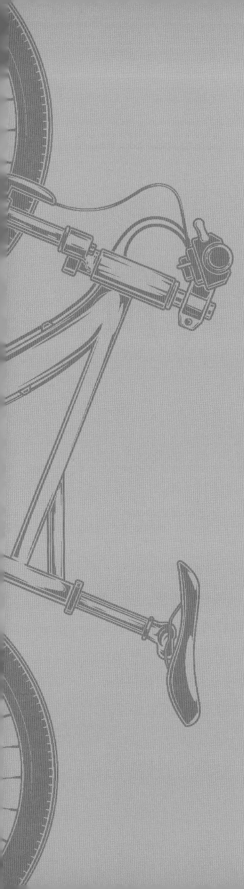

CHAPTER 2

드라이브 트레인의 진화

크랭크, 페달, 기어, 디레일러 같은 드라이브 트레인은 자전거를 구성하는 요소 중에서도 가장 기계적인 측면이 돋보이는 부분이며, 기술이 진보하면서 가장 크게 변화해온 부분이기도 하다. 또한 단순히 성능만으로는 재단할 수 없는 유럽인 특유의 철학을 엿볼 수 있다는 점도 흥미롭다.

01

컴플리트 휠의 구조

휠은 주행 성능의 핵심이라고 할 수 있으며, 최근 가장 극적으로 진화한 부품이기도 하다. 그중에서도 특히 획기적이었던 것은 림과 스포크, 허브를 종합적으로 설계한 '컴플리트 휠'(complete wheel, 완성 휠)의 탄생이다. 이 분야의 주역인 마빅과 함께 컴플리트 휠의 발전사를 살펴보자.

마빅이 개발한 알루미늄 휠

지금은 알루미늄 림이 드물지 않지만, 1900년대 초반까지만 해도 알루미늄 림은 존재하지 않았다. 당시 림은 아직 철제였던 것이다. 그러다 1926년에 프랑스의 마빅이 세계 최초로 알루미늄 림을 개발·제조했다.

림을 알루미늄으로 제조하면 관성 모멘트에 가장 큰 영향을 끼치는 휠의 바깥 둘레 부분이 가벼워진다. 이 때문에 알루미늄 림의 주행 성능은 철제 림을 압도했다. 특히 오르막길에서 주행 성능이 확연한 차이를 보여서, 마빅의 알루미늄 림을 채용한 선수들이 산악 코스에서 승리를 쌓아나갔다. 이러한 이유로 마빅의 알루미늄 림은 순식간에 레이스용 자전거의 표준 장비가 되었고, 당연히 경쟁사들도 알루미늄 림의 제조에 착수했다.

마빅의 알루미늄 림은 오랫동안 슬리브 조인트를 사용해서 제조되었는데,

마빅의 진수는 레이스에 있다
마빅의 뉴트럴 어시스턴스는 1973년부터 시작되었다. 이와 같은 활동은 레이스를 향한 마빅의 열정을 상징한다.

이 방식에는 휠의 중량 균형이 무너진다는 단점이 있었다. 그래서 1991년에 림을 용접으로 연결하는 SUP라는 기술이 개발되어 림의 중량 균형 향상과 경량화를 동시에 실현했다. 이어서 1993년에는 림의 측면을 다이아몬드공구로 깎아, 안정적인 제동을 약속하는 UB 컨트롤이라는 기술도 도입되었다.

사원들의 자부심이기도 한 SSC

마빅이라고 하면 투르 드 프랑스나 파리-루베, 리에주-바스토뉴-리에주 같은 메이저 레이스에서 없어서는 안 될 뉴트럴 어시스턴스(neutral assistance)가 유명하다. 마빅은 1973년에 노란색 자동차와 오토바이를 이용해 뉴트럴 어시스턴스를 시작한 이래 한 해도 거르지 않고 레이스를 지원하고 있다. 이런 활동의 목적은 단순히 레이스를 홍보에 이용하기 위함이 아니다. 레이스를 통해 제품을 테스트하고 더욱 품질 좋은 제품을 만든다는 중요한 목적

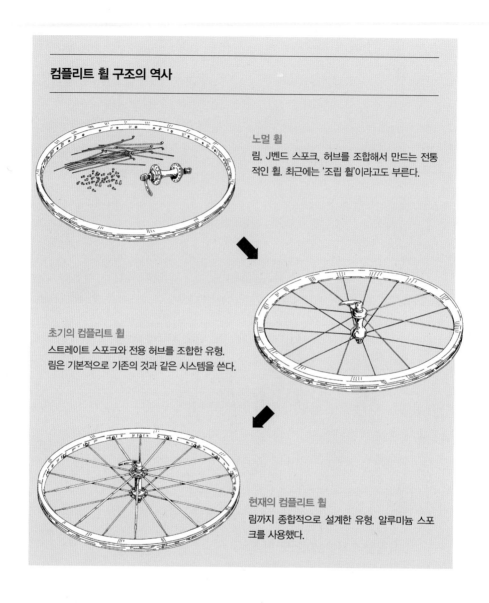

컴플리트 휠 구조의 역사

노멀 휠
림, J벤드 스포크, 허브를 조합해서 만드는 전통적인 휠. 최근에는 '조립 휠'이라고도 부른다.

초기의 컴플리트 휠
스트레이트 스포크와 전용 허브를 조합한 유형. 림은 기본적으로 기존의 것과 같은 시스템을 쓴다.

현재의 컴플리트 휠
림까지 종합적으로 설계한 유형. 알루미늄 스포크를 사용했다.

이 있다.

마빅이 레이스 지원 부문과 프로 팀에 공급하는 제품은 SSC(SPECIAL SERVICE des COURSES)라고 불리는데, 이것은 레이스를 향한 마빅의 열정을 상징하는 것이기도 하다. 마빅의 사원들은 종종 텔레비전에 나오는 SSC의 활약상을 보고 더욱 열심히 일하자며 의욕을 높인다고 한다.

프랑스 리옹 근교에 있는 마빅의 공장
마빅은 리옹에서 조금 떨어진 곳에 공장을 두고 있다. 과거에 이 공장이 투르 드 프랑스의 출발 지점이었다.

최근 들어 마빅의 경영 주체가 몇 차례 바뀌었지만, 개발은 여전히 마빅 SA 시절과 마찬가지로 독자적으로 운영되고 있다. 오히려 거대 자본이 마빅의 명성을 탐내고 있다고 보는 쪽이 정확하다. 마이야르, 마팩, 생 플렉스 등 현재는 사라진 프랑스의 브랜드보다 훨씬 영리하게 생존하고 있다고 말할 수 있다.

코스믹으로 시작된 컴플리트 휠의 역사

컴플리트 휠이라는 개념 자체는 마빅이 만들어낸 것이 아니다. 마빅의 첫 컴플리트 휠인 '코스믹'은 1994년에 발표되었는데, 그전에 이미 캄파뇰로의 샤말이나 보라 등 여러 회사에서 컴플리트 휠을 발매했다. 다만 이런 제품들은 기존 시스템의 허브와 스포크를 조합한 것으로 기본적으로 노멀 휠과 다른 부분이 없었다.

마빅의 코스믹이 획기적이었던 점은 전용 허브와 여기에 맞춘 스트레이트 스포크(스트레이트 풀 스포크)를 채용한 것이다. 기존의 J벤드 스포크는 목 부분이 잘 부러진다는 구조적인 약점이 있었는데, 스포크를 직선 모양으로 만들어서 약점을 해결했다. 결과적으로 더 높은 스포크 장력으로 휠을 조립할 수 있어 앞뒤 바퀴 모두 16개라는 적은 수의 스포크로도 충분한 강성을 지닌 휠을 만들 수 있었다.

1996년에 발표한 컴플리트 휠 '헬리움'은 산악용 경량 휠이라는 제품의 특징이 먹혀들어 놀라운 성공을 기록했다. 또 기존 휠에서는 거의 볼 수 없었던

마빅 컴플리트 휠의 변천

1996년 헬리움
코스믹이 공기 저항을 줄이는 데 주력했다면, 헬리움은 산악용 경량 휠이라는 장점을 내세워 등장했고, 큰 성공을 거뒀다.

1994년 1세대 코스믹
허브와 스포크를 종합적으로 설계한 마빅의 첫 시판 휠. 프로 대회에서 큰 성과를 얻었고, 덕분에 완성 휠의 인기에 불을 붙였다.

2004년 코스믹 카본
코스믹 카본은 2004년 투르 드 프랑스에서 처음으로 실전에 투입되었다. 자연스러운 승차감과 압도적인 에어로 효과로 프로 선수들 사이에게도 인기가 있는 모델이었다. 그 원형은 1세대 코스믹에서 찾아볼 수 있다.

2005년 시리움 ES
시리움은 1999년에 발표되자마자 투르 드 프랑스 우승에 기여했다. 그 후 시리움 SL로 진화했으며, 시리움 ES에는 별도 설계된 전후 림과 티타늄 퀵릴리스 등이 채용되었다.

FORE 테크놀로지는 마빅의 독자적인 기술
시리움에서 가장 혁신적인 점은 림 쪽에 나사 홈을 만든 'FORE 테크놀로지'를 세계 최초로 실현한 것이다. 오른쪽 사진에서 앞쪽은 헬리움, 뒤쪽은 시리움 ES다. 헬리움 발매 10주년을 기념해 레드 알루마이트로 시리움 ES를 만들었다.

레드 알루마이트(alumite) 재질로 허브와 림을 제작한 점도 강렬한 인상을 줘서 큰 인기를 끌었다.

획기적인 제품 시리움

마빅 컴플리트 휠의 역사에서 가장 찬란하게 빛나는 금자탑은 '시리움'일 것이다. 코스믹이나 헬리움의 림은 기존 스포크와 조합해도 괜찮은 제품이었지만, 시리움은 림까지 포함해 모든 부분을 종합적으로 개발했다. 즉 모든 부품이 한 제품만을 위해 설계된 것이다.

휠 기술자에게 '경량화'는 영원한 과제다. 이 문제를 해결하기 위해 모든 기술자가 똑같은 생각을 했다. 바로 '스테인리스로 만들던 무거운 스포크를 가벼운 알루미늄제로 바꾸는 것'이다. 그러나 기존 규격에서는 스포크를 알루미늄으로 만드는 일이 어려웠다. 마빅은 림까지 전용 부품으로 만들어서 스포크의 알루미늄화에 성공했다.

고열의 비트로 림 쪽에 구멍을 뚫고 그 구멍에 나사 홈을 만들었는데, 이것은 'FORE 테크놀로지'라고 부르는 마빅의 독자적인 기술이다. 이에 따라 굵은 지크랄(7075 알루미늄)제 스포크를 사용할 수 있었다. 가볍고 강성이 높은 휠을 실현한 것이다. 스포크의 수는 앞이 18개, 뒤가 20개로 적다. 그럼에도 굵은 지크랄제 스포크를 사용해서 강성이 약해질 수 있다는 불안감을 완전히 해소했다.

시리움이 대단한 점은 에어로 효과도 우수하다는 사실이다. 굵은 지크랄제 스포크는 공기 저항을 줄이는 데도 최적이었기 때문에 '경량 휠에는 에어로 효과를 기대할 수 없다.'라는 기존 상식을 근본부터 뒤엎어버렸다.

02

허브를 고정하는 구조

툴리오 캄파놀로는 혁신적인 제품을 다수 개발한 것으로 유명하다. 평행사변형식 디레일러와 5암 크랭크 등 현재 표준이 된 다수의 시스템을 만들어냈다. 그중에서도 가장 유명한 것은 뭐니 뭐니해도 퀵릴리스라고 할 수 있다.

현대의 모든 로드바이크에 장착되다

현재 로드바이크라고 부르는 모든 자전거에 퀵릴리스식 허브가 장착되어 있다고 해도 과언은 아닐 것이다. 원터치로 휠을 탈착할 수 있는 퀵릴리스는 문제가 발생했을 때 빠르게 휠을 교환해야 하는 레이스에서는 물론이고, 바이크를 수납할 때나 야외에서 펑크 수리를 할 때도 매우 편리하다.

퀵릴리스를 고안한 사람은 캄파놀로의 창업자인 툴리오 캄파놀로인데, 그가 퀵릴리스를 만든 계기에는 '필요는 발명의 어머니'라는 격언이 딱 어울리는 일화가 숨어 있다.

눈 덮인 크로체다우네 고개에서 태어난 퀵릴리스

툴리오 캄파놀로는 1901년 8월 26일 비첸차에서 태어났다. 아버지가 철물점을 경영했기 때문에 툴리오는 어렸을 때부터 아버지 가게에 있는 여러 가지 공구를 가지고 놀았다고 한다.

당시는 현대 로드 레이스의 여명기로, 1905년에 제1회 밀라노-산레모 경주가 열렸다. 로드 레이스의 인기는 지금보다 훨씬 대단해서, 아이들의 장래 희망은 축구 선수도 F1 드라이버도 아닌 자전거 선수였다고 한다. 툴리오도 당연히 자전거 선수를 꿈꾸며 자전거 클럽의 문을 두드렸다. 타고난 노력가였던 툴리오는 빠르게 두각을 나타냈고, 이탈리아의 아마추어 선수권에서 우승하기도 했다.

1927년 11월 11일, 툴리오는 '그란 프레미오 델라 비토리아'라는 레이스에 참가했다. 우승 후보 중 한 명이었던 툴리오는 자신의 특기였던 오르막길에서 승부를 내고자 크로체다우네 고개에서 단독으로 치고 나가려 했다. 그런데 고

선수 시절의 툴리오 캄파놀로
1927년 11월 11일, 눈이 내리는 크로체다우네 고개를 달리던 툴리오 캄파놀로는 손쉽게 휠을 탈착할 수 있는 시스템의 필요성을 절감했다.

노년 시절의 툴리오 캄파놀로
캄파놀로의 첫 외장 변속기 '캄비오코르사' 뒤에 서 있는 툴리오 캄파놀로. 바이크 제조사 사장으로서 선수 시절 이상의 재능을 꽃피웠다.

퀵릴리스 구조의 역사

육각 너트
자전거 휠이 발명되었을 때부터 사용된 전통적인 방법. 구조가 단순하고 확실히 고정할 수 있기 때문에 지금도 일반 자전거는 육각 너트를 사용한다.

윙 너트
스패너가 없어도 탈착이 가능하기 때문에 1970년대 무렵까지는 스포츠 로드바이크에 많이 사용되었지만, 고정하는 힘이 약한 탓에 현재는 거의 사용되지 않는다.

퀵릴리스
원터치로 탈착이 가능하고 고정도 확실한 까닭에 현재 스포츠 로드바이크의 주류가 되었다. 초보자는 사용법을 확실히 배우는 것이 중요하다.

캄파놀로의 고급 퀵릴리스식 허브
레코드 컴포넌트의 2007년 모델. '외팔보'였던 레버가 하우징을 양쪽에서 끼워 넣는 '양팔보'가 되었지만, 기본 구조는 전혀 변하지 않았다.

툴리오가 만든 퀵릴리스의 원조
툴리오 캄파놀로는 1930년에 퀵릴리스의 특허를 취득하고 1933년에 캄파놀로사를 창업했다. 이것은 캄파놀로가 처음으로 제품화한 퀵릴리스식 허브 제1호로, 비첸차의 작은 공장이 만들어낸 획기적인 제품이다.

개 정상 부근에서 눈보라가 불었고 이 탓에 예상치 못한 사고가 발생했다. 더블코그 사양의 휠을 분리해서 반대로 장착하려고 했는데 추위에 손가락이 얼어서 윙 너트를 풀 수가 없었던 것이다.

당시 선수들이 탄 바이크는 뒷바퀴의 양쪽에 각각 큰(가벼운) 기어와 작은(무거운) 기어가 달린 '더블코그' 사양이었다. 평탄한 길이나 내리막길에서는 무거운 기어를 사용하고, 오르막길에 접어들면 자전거에서 내려서 바퀴를 뒤집어 가벼운 기어로 바꿨던 것이다. 그래서 바퀴가 윙 너트로 고정되어 있었다.

서두르면 서두를수록 얼어붙은 윙 너트는 풀리지 않았다. 그사이 오르막길에서 뒤처졌던 선수들이 차례차례 툴리오를 앞질렀다. 툴리오는 그 모습을 바라보며 '원터치로 휠을 분리하는 시스템을 만들자.'라고 결심했다.

집으로 돌아온 툴리오는 즉시 휠 탈착 시스템의 개발에 몰두했고, 아버지의

퀵릴리스는 이런 모습

퀵릴리스를 죄고 푸는 원리는 매우 단순하다. 심의 위치가 중심에서 벗어나면 레버의 구동 부분이 '캠'이 되어서 레버의 방향에 따라 풀림 방지 너트를 누르거나 누르지 않는 것이다. 단순한 원리이지만 이것을 1930년대에 생각해냈다는 점이 대단하다.

옛날에는 기어 변환을 위해
퀵릴리스를 풀었다

1933년에 캄파놀로가 처음으로 제작한 2로드 변속기. 특별한 제품명 없이 단순히 '캄비오코르사'(레이스용 변속기)로 불렸다. 퀵릴리스를 풀어서 허브 축을 이동시켜 체인의 장력을 유지하는 구조였다.

현재 캄파뇰로 공장 전경
캄파뇰로의 본사 공장은 베네치아에서 가까운 비첸차에 있다. 고속도로를 달리다 비첸차 서쪽 교차로로 나오면 훌륭한 공장이 눈앞에 나타난다. 툴리오가 세운 작은 공장이 이렇게 크게 성장했다. 그야말로 아메리칸 드림, 아니 이탈리안 드림이라고 할 수 있다.

공작 도구를 빌려 시행착오를 반복한 끝에 마침내 퀵릴리스를 완성했다. 그는 1930년에 자신이 고안한 퀵릴리스식 허브의 특허를 취득한 뒤 1933년에 캄파뇰로사를 창업했다. 만약 그때 크로체다우네 고개에 눈이 날리지 않았다면, 현재와 같은 퀵릴리스나 캄파뇰로사는 존재하지 않았을지도 모른다. 자전거 팬의 한 사람으로서 크로체다우네 고개에 내린 눈에 감사할 따름이다.

03

스포크의 소재

림 소재에 카본을 채용하면서 휠의 성능은 극적으로 향상되었다. 또한 '숨은 조역'이라고도 할 수 있는 스포크 역시 수많은 시행착오 속에서 성능이 향상되고 있다. 여기에서는 부품 소재를 중심으로 스포크의 역사를 살펴보려 한다.

스틸에서 스테인리스로

높은 장력이 걸리는 스포크의 소재로는 오랫동안 스틸(강), 그중에서도 '경강선'이라고 불리는 경도가 높은 스틸이 주로 사용되었다. 그런데 스틸에는 녹이 잘 슨다는 단점이 있다. 도금 처리를 하지만, 그래도 오랫동안 사용하면 녹이 스는 일이 많았다.

스틸의 단점만 들으면 '처음부터 스테인리스를 사용했으면 좋았을 것을.' 하는 생각이 들 것이다. 그러나 스테인리스는 제2차 세계대전 이후에 일반적으로 사용되었다. 스테인리스는 크롬을 10퍼센트 이상 함유한 합금으로, 크롬이 공기 중 산소와 결합해 표면에 '부동태 피막'을 형성하는 까닭에 녹이 슬지 않는다.

철은 자석에 붙는 성질을 지니고 있는데, 개수대에 사용되는 스테인리스의 경우 '자석에 붙지 않는다'는 홍보 문구가 자주 붙었다. 그 영향인지 '자석에 달라붙는 스테인리스는 스테인리스가 아니다'는 기묘한 고정관념이 생겨버렸다. 사실 스테인리스에는 여러 종류가 있으며 개중에는 자석에 달라붙는 것도 있다. 다만 1960년대에 제작된 스테인리스 스포크에는 기본적으로 자석에 붙지 않는 18-8 스테인리스가 사용되었다. 참고로 '18-8'이란 크롬 18퍼센트와 니켈 8퍼센트가 함유되었다는 의미다. 현재의 KS 규격으로는 'STS 304'의 범주에 들어간다.

허브, 림, 스포크를 별도로 구입해서 조립하는 기존 휠을 완성 휠과 대비해 '조립 휠'이라고 부른다. 1990년대까지는 프로 선수도 조립 휠을 사용했다.

스테인리스는 잘 부러진다?

STS 304는 가공 시에 신장(伸張) 공정을 거쳐도 표면이 반짝반짝 빛나는 특성을 지닌 소재다. 그 아름다움에 힘입어 STS 304로 만든 스테인리스 스포크는 순식간에 보급되었는데, 커다란 문제가 드러났다. 스테인리스 스포크가 스틸 스포크에 비해 잘 부러지는 것이다.(수명이 짧음) 인장 강도는 스틸과 등등하지만 피로 강도가 스틸에 미치지 못했다. 어떤 조사에 따르면 스틸 스포크의 피로 강도를 10으로 놓았을 때 스테인리스 스포크의 피로 강도는 8 정도였다고 한다.

1980년대가 되자 이탈리아의 사체티 같은 스포크 제조사가 스틸 스포크의 피로 강도를 웃도는 스테인리스 스포크를 만들어냈다. 최근에는 DT 스

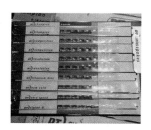

DT 스위스는 스포크 제조사를 대표하는 존재다. 이 회사의 라인업은 매우 풍부해서, 각종 플레인 스포크와 버티드 스포크 외에 날개형 단면의 에어로 스포크 제품도 훌륭하다. 티타늄으로 만든 경량 스포크도 있다.

스포크 구조의 역사

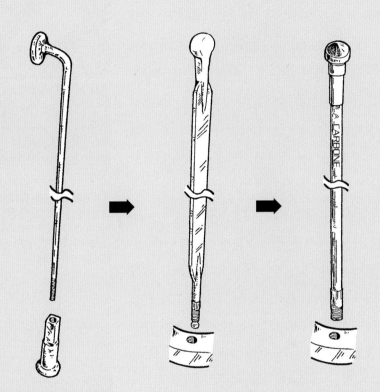

스테인리스 스포크

오랫동안 주류였던 스틸 스포크를 대신해 1960년대 무렵부터 경기용 스포크의 주류가 되었다. 녹이 잘 슬지 않는다는 점이 가장 큰 특징이다. 부엌 개수대에 사용되는 STS 304가 가장 일반적인 소재이지만, 호시의 스타브라이트는 STS 430을 사용해 발군의 피로 강도를 실현했다.

알루미늄 스포크

시작품은 오래전부터 있었지만 시판 제품으로는 1994년에 발매된 완성 휠 '호시 포테스트'가 세계 최초다. 그러나 기존 스포크 규격으로 만들어진 까닭에 강도가 충분하다고 말하기 어려웠다. 처음으로 성공작이라 말할 수 있는 제품은 1999년에 발매된 '마빅 시리움'이다. 소재는 수많은 알루미늄 합금 중에서 가장 강도가 높은 7075 알루미늄이다.

카본 스포크

1990년대 중반에 발매된 '에도 스포츠 파이버 플라이트'가 시장을 선도했다. 프로 선수들이 자비로 구입해 사용해서 유명해진 독일의 '라이트 웨이트'나 네덜란드의 'ADA' 등도 카본 스포크의 선구자적 존재다. 2007년에 발매된 '마빅 R-SYS'가 카본 스포크 휠로 유명했다.

위스나 벨기에의 사픔, 일본의 아사히가 생산하는 제품도 마찬가지이지만, 잘 부러지지 않는(수명이 김) 스테인리스 스포크는 STS 304를 사용하면서도 약한 자성을 지니고 있다는 특징이 있다. STS 304는 구성비가 크롬 18~20퍼센트, 니켈 8~10.5퍼센트인데, 미묘한 성분 차이에 따라 약한 자성을 띠기도 하는 듯하다. 1980년대 당시 로드바이크를 타는 사람들 사이에서는 '사체티의 스포크에는 철이 많이 들어 있어서 자석에 달라붙고 잘 부러지지 않는다'는 소문이 돌았다.

스테인리스 스포크에는 STS 304 이외에 'STS 430'이라는 소재를 사용한 것도 있다. STS 430은 크롬을 16~18퍼센트 함유한 스테인리스로, 니켈은 들어 있지 않다. 그런 까닭에 재료 가격은 STS 304보다 싸지만 스포크의 소재로서 우수한 측면을 지니고 있다. 피로 강도가 특출하게 높아서 잘 부러지지 않는 스포크를 만들 수 있는 것이다. 스틸 스포크의 피로 강도를 10으로 놓았을 때 강도가 30~40에 이른다고 한다. STS 430을 사용한 제품으로는 호시의 '스타브라이트'가 유명하다. STS 430은 신장 공정을 거칠 때 광택이 사라지기 때문에 광택을 내는 공정을 추가해야 한다. 그런 까닭에 재료 가격이 저렴하다는 이점은 의미를 잃지만, 높은 피로 강도는 선수들에게 매우 고마운 요소다.

1990년대 후반에 완성 휠이 등장했지만 림은 기존의 것이 그대로 사용되었다

1996년에 발매되어 대히트를 기록한 경량 모델 '마빅 헬리움'은 완성 휠 시장을 개척한 존재다. 전용 허브와 스트레이트 스포크의 조합은 획기적이었지만, 림은 기존 제품과 다르지 않았다.

전용 허브의 등장으로 스포크의 형상이 바뀌었다

조립 휠의 경우 스포크는 허브의 구멍을 지나가는 'J벤드식'이었다. 그러나 완성 휠이 등장하자 강도 측면에서 유리한 스트레이트 스포크가 주류가 되었다.

1999년 지크랄 합금제 스포크가 등장하면서
알루미늄 스포크가 급격히 증가
마빅 시리움은 진정한 의미의 '완성 휠'이다. 허브뿐만
아니라 림까지 전용 설계를 했고 굵은 알루미늄 스포크
를 사용하는 게 가능해졌다.

스포크의 알루미늄화에 성공한 시리움

스포크를 알루미늄으로 만드는 일은 휠 기술자의 오랜 꿈이었다. 스포크라는 무거운 물건을 알루미늄으로 만들 수 있다면 바이크의 경량화에 크게 공헌할 수 있으며, 휠의 경량화는 주행 성능의 향상으로 직결되기 때문이다. 무엇보다도 알루미늄은 비용 측면에서도 유리한 재료였다. 그러나 기존 규격으로 알루미늄 스포크를 만들면 강도가 부족할 수밖에 없기 때문에 어떤 제조사도 시판 제품을 만들어내지 못했다.

1994년 일본의 스포크 제조사인 호시가 '포테스트'라는 알루미늄 스포크 휠을 세계 최초로 만들었다. 포테스트는 7075 알루미늄으로 만든 스트레이트 스포크를 전용 허브로 조립한 도전적인 제품이었다. 7075 알루미늄은 실용적인 알루미늄 합금 중에서 가장 강도가 높다고 알려져 있는데, 이것은 원래 일본의 스미토모 금속이 당시 최신예 전투기 레이센의 재료로 개발한 것이다. 그런 의미에서 포테스트는 '일본의 독자적인' 제품이었다. 그러나 림까지 전용 설계를 하지는 못해 지름 2밀리미터라는 기존의 스포크 규격을 따라야 했고 역시 강도 문제를 해결하지 못했다. 그런 까닭에 앞바퀴만 만들 수 있었다. 결국 '포테스트'는 시장에서 성공하지 못하고 몇 년 만에 모습을 감추고 말았다.

알루미늄 스포크를 사용해서 성공한 최초의 제품은 1999년에 마빅이 발표한 '시리움'이다. 허브뿐만 아니라 림도 전용 설계를 해서 지크랄 합금으로 만

2007년 카본 스포크를 사용한 마빅의 R-SYS

카본 스포크를 사용한
컴포지트 휠

마빅 R-SYS는 시리움과 같은 제
작법을 이용해서 속이 비어 있는 카
본 스포크를 채용한 제품이다. 카본
은 진동 감쇠 특성이 우수한 만큼,
승차감이 매우 훌륭하다.

2007년 마빅은 독일의 라이트웨
이트와 같은 방법으로 '코스믹 카
본 얼티메이트'라는 획기적인 경
량 카본 휠을 발매했다.

든 굵은 스포크를 사용하는 데 성공한 것이다. '지크랄'은 프랑스에서 7075 알
루미늄을 부르는 명칭이다. 참고로 이탈리아에서는 7075 알루미늄을 '에르갈'
이라고 부른다. '굵은 스포크'를 사용하면 공기 저항이 문제가 되는데, 마빅은
스포크를 에어로 단면으로 만들어서 이 문제를 극복했다.

　최근에는 경기용 고급 휠의 경우 카본 스포크도 사용되고 있지만, 스테인리
스나 알루미늄도 비용과 강도 등의 측면에서 큰 이점이 있다. 당분간 이 세 가
지 소재가 주류로 쓰일 것이다.

04

앞 디레일러의 구조

앞 디레일러는 뒤 디레일러의 그늘에 가려져 그다지 돋보이지 않는 존재라고 할 수 있을지도 모른다. 물론 앞 디레일러에도 빛나는 진화의 역사가 있다. 앞 디레일러의 역사를 살펴보도록 하겠다.

디레일러가 발명되다

앞 디레일러를 이야기하기 전에 먼저 디레일러(변속기)가 개발된 역사를 간단히 살펴보도록 하겠다. 디레일러는 앞·뒤 디레일러를 조합해서 사용한다. 뒤 디레일러만 사용하는 경우는 있어도 앞 디레일러만 사용하는 경우는 절대 없다. 따라서 앞 디레일러를 이야기할 때는 뒤의 다단 기어나 뒤 디레일러에 관해서도 어느 정도 다룰 필요가 있으니 이 부분을 이해하면서 이야기를 들어주기 바란다.

1900년대 초반 체인 구동 자전거가 실용화된 이래, 한동안은 바이크의 앞과 뒤에 싱글 기어를 다는 게 당연시되었다. 그러나 싱글 기어로는 오르막길에 접어들었을 때 페달을 밟기가 힘들어진다. 이 때문에 1920년대에는 후방의 허브 양쪽에 코그(기어)를 부착하고 오르막길에 접어들면 바퀴를 뒤집어서 장착하

는 '더블코그'가 개발되었다. 더블코그는 당시로서
는 매우 획기적인 발명이었다. 뒤 허브의 반대쪽에
큰(가벼운) 기어를 부착하면, 오르막길에서 힘들게
페달을 밟는 '고행'을 하지 않아도 되니 이보다 고
마울 수가 없었던 것이다.

당연히 선수들도 두 팔 들어 환영했고, 더블코그
는 레이스용 자전거에도 순식간에 보급되었다. 그
러나 오르막길에 접어들기 전에 자전거에서 내려
서 바퀴를 뒤집는 작업은 큰 시간 낭비였다. 결국
후방의 다단 기어에 디레일러를 조합한 현재와 같
은 자전거가 발명되었다.

다단 기어(후방 프리휠) 자전거가 일반화된 시기
는 1930년대다. 최초의 다단 기어는 2~4단 정도
였는데, 그것만으로는 부족했을 것이라고 쉽게 상
상할 수 있다. 얼마 안 있어 선수들과 일반 자전거

가스토네 넨치니가
평행사변형식 앞 디레일러로
투르 드 프랑스를 제패

이탈리아의 산악왕 가스토네 넨치
니는 캄파놀로가 세계 최초로 개
발한 평행사변형식 앞 디레일러
'레코드'를 사용해 1960년 투르
드 프랑스를 제패했다.

이용자들 모두 '좀 더 가벼운 기어가 있었으면.' 하고 바라게 되었다. 그래서 전
방 기어를 2장 또는 3장으로 만든다는 아이디어가 나왔고, 이것을 변속하기 위
한 '앞 디레일러'가 개발되었다.

초기의 앞 디레일러는 좌우로 이동하는 슬라이드 샤프트에 체인을 이동시
키는 날개를 부착하고, 이것을 로드로 조작하는 방식이었다. 원시적이라면 원
시적이지만, 더블코그 시대에 비하면 훨씬 세련된 변속 시스템이었다고 할 수
있다. 로드로 작동하는 앞 디레일러는 레이스계에서도 표준 장비가 되어 1950
년대까지 널리 사용되었다. 투르 드 프랑스에서는 1957년까지 사용되었다는
기록이 있으며, 이해에 첫 우승을 차지한 자크 앙크틸도 생플렉스의 로드식 앞
디레일러를 사용했다.

앞 디레일러 구조의 역사

로드식 앞 디레일러

더블 혹은 트리플 체인휠에 쓰는 앞 디레일러는
이미 제2차 세계대전 이전인 1930년대에 실용
화했다. 초기 제품은 본체에서 뻗어 나온 로드를
조작해서 슬라이드 샤프트를 이동시키는 구조로,
이것을 '로드식'이라고 부른다.

슬라이드 샤프트식 앞 디레일러

와이어를 이용해 다운 튜브에 설치된 레버로 조
작하는 앞 디레일러도 등장했다. 로드식도 슬라
이드 샤프트를 사용하지만, 일반적으로 이런 유
형을 '슬라이드 샤프트식'이라고 부른다.

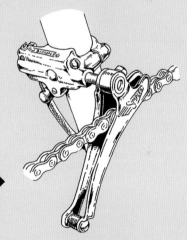

평행사변형식 앞 디레일러

현재 표준이 된 평행사변형식 앞 디레일러는
1953년에 캄파놀로가 발표했다. 슬라이드 샤프
트식에 비해 가볍고, 이물질이 잘 끼지 않으며 변
속 성능도 높아서 순식간에 레이스용 로드바이크
의 표준 장비가 되었다.

와이어를 사용해 조작하는 시스템으로 진화하다

지금은 '통합 변속 시스템'을 당연하게 생각하지만, 로드식 앞 디레일러의 경우 변속을 하려면 시트 튜브 근처까지 손을 뻗어야 했다. 이것은 두말할 필요도 없이 번거로운 작업이었으며, 경우에 따라서는 변속 조작을 하다가

캄파놀로의 앞 디레일러 변천

1960년 초기형 레코드
1960년에 실전 투입된 획기적인 제품. 사진은 1970년대 초기의 모델이지만, 기본 구조는 달라지지 않았다. 경이적인 스테디셀러 모델이었다.

1980년 슈퍼 레코드
슈퍼 레코드는 1974년에 발표되었지만, 앞 디레일러는 레코드와 같았다. 1980년이 되어서야 비로소 슈퍼 레코드 전용 제품이 추가되었다.

1986년 C 레코드
슈퍼 레코드는 오랫동안 레이스용 컴포넌트의 정점에 군림했는데, 이해에 새로 개발된 코르사 레코드(통칭 C 레코드)로 대체되었다.

1997년 9단이 된 레코드
톱 모델 '레코드'는 이해에 카세트 스프라켓을 9단화했다. 이에 맞춰 앞 디레일러의 디자인도 변경했다.

2000년 10단이 된 레코드
이해에 카세트 스프라켓이 10단이 되었고, 체인의 폭이 좁아졌기 때문에 가이드 플레이트에 수지(樹脂)로 만든 플레이트가 부착되었다.

넘어지는 사고가 발생하기도 했다. 그래서 다운 튜브에 부착한 레버를 조작해 변속하는 유형의 앞 디레일러가 고안되었다.

가느다란 강선을 꼬아 만든 와이어(이너 와이어)로 레버와 앞 디레일러 본체의 슬라이드 샤프트를 연결한 것이다. '체인지 바이 와이어'(change by wire)라

주요 브랜드의 앞 디레일러

1962년 생플렉스 프레스티지
프랑스의 생플렉스는 캄파놀로의 평행사변형식에 대항해 듀폰의 델린을 사용한 앞 디레일러를 만들었다. 사진은 1970년대 초기 모델이다.

1975년 생플렉스 슈퍼 LJ
슬라이드 샤프트식으로 분전하던 생플렉스는 결국 1970년에 톱 모델을 평행사변형식으로 변경했다. 사진은 1975년의 톱 모델이다.

1983년 시마노 듀라에이스 FD-7400
듀라에이스는 7400시리즈부터 유럽에서 인정을 받았다. 지금 봐도 신선하고 세련된 디자인이다.

1987년 마빅 860
프랑스의 림 제조사 마빅이 컴포넌트 제조에 뛰어들어 레이스에서 좋은 성적을 거뒀다. 사진은 1990년대 초엽의 모델이다.

1992년 선투어 슈퍼브 프로
마에다 공업의 선투어는 1990년대 초엽까지 유럽의 프로 팀에도 공급되던 브랜드다. 이것은 톱 모델 '슈퍼브 프로'의 최종형이다.

고 할 수 있는 방식이 나타난 셈이다.

와이어로 슬라이드 샤프트를 조작하는 방식을 표준화한 회사는 캄파뇰로다. 스위스의 휴고 코블렛이 1951년에 투르 드 프랑스에서 우승할 때 캄파뇰로의 평행사변형식 뒤 디레일러 '그랑스포르트'를 처음으로 사용했는데, 여기에 조합된 앞 디레일러 '그랑스포르트'가 와이어로 슬라이드 샤프트를 조작하는 방식이었다. 한편 캄파뇰로의 라이벌이었던 프랑스의 생플렉스나 휴레는 1957년까지 로드식을 그대로 사용했다.

평행사변형식은 캄파뇰로가 만들었다

캄파뇰로라고 하면 1949년에 세계 최초로 발표한 평행사변형식 뒤 디레일러 '그랑스포르트'로 유명한데, 앞 디레일러를 평행사변형으로 만드는 일에도 경쟁자들보다 앞서나갔다. 뒤 디레일러를 발표한 지 10년 후인 1959년, 밀라노 자전거 박람회에서 평행사변형식 앞 디레일러인 '레코드'를 발표한 것이다.

레코드는 1960년에 실전 투입되자마자 그해 투르 드 프랑스에서 가스토네 넨치니(이탈리아)의 우승에 기여했다. 라이벌인 생플렉스나 휴레는 한동안 슬라이드 샤프트 방식을 개량하는 방법으로 대항했지만, 승부의 향방은 불 보듯 뻔했다. 휴레는 얼마 후 슬라이드 샤프트식 디레일러의 생산을 중단했고, 생플렉스는 1970년에 톱 모델 '크리테리움'의 앞 디레일러를 평행사변형식으로 변경했다.

현재 앞 디레일러는 대부분 평행사변형식이다. 캄파뇰로가 옳았음을 보여주는 증거라고 할 수 있다. 자전거 부품의 역사를 살펴보면 캄파뇰로가 얼마나 위대한지 새삼 실감한다.

05

뒤 디레일러의 구조

시마노의 디레일러 개발 역사는 따로 소개하기로 하고, 여기에서는 프랑스의 생플렉스와 이탈리아의 캄파놀로, 일본의 선투어 등 다른 제조사를 중심으로 뒤 디레일러 개발사 전반을 정리해보겠다.

슬라이드 샤프트식을 극한까지 발전시킨 생플렉스

프랑스의 변속기 제조사인 생플렉스는 1928년에 디종의 자전거 점주 루시앙 주이가 창업한 회사다. 첫 제품은 2단 슬라이드 샤프트식 디레일러로, 구조가 단순해서 레이스용으로 적합했지만 선수들은 아직 무명이었던 생플렉스를 좀처럼 인정해주지 않았다.

이런 일화가 남아 있다. 1928년 파리-루베 경주 전날, 루시앙 주이는 강호팀 '알시온'의 감독에게 자신이 개발한 2단 디레일러의 채용을 승낙받고 밤을 새워서 선수 전원의 자전거에 디레일러를 장착했다.

그런데 다음 날 아침, 선수들은 새로운 제품을 거부했다. '북쪽의 지옥'으로 불리는 파리-루베 코스를 견뎌야 하는데, 증명되지 않은 제품을 사용하기가 내키지 않는다는 이유였다.

1930년대 일세를 풍미했던
생플렉스의 변속기

1928년에 창업한 생플렉스는 1930년대에 레이스계를 석권한다. 이것은 당시에 발매한 '루트 레제'라는 모델이다.

생플렉스의 제품 개발에 크게 공헌한 자크 앙크틸

1957년 생플렉스의 슬라이드 샤프트식 디레일러 '주이 543'을 사용해 투르 드 프랑스 첫 우승을 차지한 자크 앙크틸(프랑스). 그는 이후에도 생플렉스의 제품 개발에 큰 도움을 주었다.

1946년 스프링이 달린 슬라이드 샤프트식 변속기

1946년 파리 국제 자전거 박람회에서 발표된 '투르 드 프랑스'는 제2차 세계대전 이후에 표준이 되었다. 슬라이드 샤프트 부분에 스프링을 장비했다.

결국 생플렉스가 본격적으로 프로 레이스의 세계에 발을 들인 것은 1930년대부터다. 더블코그와 달리 자전거에서 내리지 않아도 변속이 가능한 생플렉스의 디레일러는 순식간에 레이스계에서 인정을 받았다. 1936년에는 현재와 같은 규격인 3/32인치 체인이 일반적으로 쓰였고, 이런저런 이유 덕분에 후대 제품과 거의 같은 구조를 지닌 슬라이드 샤프트식 디레일러가 완성되었다.

이 무렵에 생플렉스는 뒤 디레일러를 하루에 약 1,000개씩 제조하는 거대 브랜드였다. 참고로 투르 드 프랑스에서 변속기 사용이 허용된 해는 1937년인데, 그 이면에는 생플렉스의 약진이 있었다고 한다.

제2차 세계대전이 발발하자 생플렉스도 개발을 중지해야 했지만, 전쟁이 끝난 뒤에는 생플렉스와 경쟁 기업인 휴레의 독무대가 되었다. 전쟁 후 처음으로 열린 1946년 파리 국제 자전거 박람회에서 발표한 생플렉스의 뒤 디레일러 '투르 드 프랑스'가 휴레의 '루이종 보베'와 함께 레이스계를 석권한 것이다.

뒤 디레일러 구조의 역사

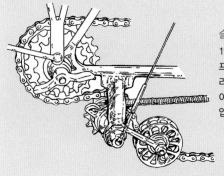

슬라이드 샤프트식

1950년까지 뒤 디레일러의 주류는 슬라이드 샤프트식이었다. 이것은 그 이름처럼 샤프트를 따라서 변속기가 미끄러지듯 이동하는 디레일러로, 이전의 로드식이나 더블코그식 자전거에 비하면 압도적으로 높은 성능을 자랑했다.

평행사변형식

현재 디레일러의 원형인 평행사변형식 디레일러는 캄파놀로가 완성했다. 슬라이드 샤프트식에 비해 가볍고 견고하며, 변속 성능도 우수해 순식간에 표준이 되었다.

슬랜트 팬터그래프식

캄파놀로가 개발한 평행사변형식과 기본 구조는 같지만, 팬터그래프 부분이 비스듬하게 이동하도록 각도가 맞춰져 있다. 이에 따라 자키 폴리가 프리휠의 톱니 끝을 따라서 움직이기 때문에 변속 성능이 향상되었다.

참고로 투르 드 프랑스(대회명)에서의 성적을 살펴보면 1949, 1950, 1951년의 우승자는 생플렉스를, 1953, 1954, 1955년의 우승자는 휴레를 사용했다.

1954년 생플렉스는 캄파뇰로의 평행사변형식 뒤 디레일러 '그랑스포르트'에 대항해 슬라이드 샤프트식을 극한으로 발전시킨 '주이 543'을 발표하고, 그 발전형을 1960년까지 제조했다. 그러나 슬라이드 샤프트식으로는 평행사변형식을 상대할 수가 없었다. 결국 1961년에는 생플렉스도 평행사변형식을 생산했다.

1971년 캄파뇰로의 대표작
누보 레코드

그랑스포르트에서 레코드로 진화한 캄파뇰로의 뒤 디레일러는 1971년에 알루미늄 합금을 사용한 '누보 레코드'로 다시 진화했다.

획기적이었던 그랑스포르트

1951년(시작품의 완성은 1949년)에 캄파뇰로가 발표한 세계 최초의 평행사변형식 뒤 디레일러 '그랑스포르트'는 현재 유통되는 모든 뒤 디레일러의 원류라고 할 수 있다.

그전까지 캄파뇰로는 2개 혹은 1개의 로드로 뒤 허브의 샤프트를 풀어서 변속하는 '캄비오코르사'(통칭 파리-루베)라는 뒤 디레일러를 제조하고 있었는데, 이것은 레이스용으로 쓰기에 너무나도 구식이었다. 그랑스포르트는 툴리오 캄파뇰로가 회사의 흥망을 걸고 내놓은 디레일러였던 것이다.

실전에 투입된 지 얼마 되지 않아 그랑스포르트를 채용한 파우스트 코피가 1952년에 투르 드 프랑스에서 우승을 차지한 것을 계기로 캄파뇰로는 생

캄파뇰로에 협력한
이탈리아의 파우스트 코피

1952년 파우스트 코피는 캄파뇰로의 평행사변형식 변속기 '그랑스포르트'를 투르 드 프랑스에서 처음으로 채용했고 우승까지 차지했다.

플렉스와 휴레를 맹추격했고, 1950년대 이후로는 압도적 우위를 지켜갔다.

슬랜트 팬터그래프를 개발한 선투어

1963년 선투어라는 브랜드로 유명한 마에다 공업은 슬랜트 팬터그래프라는 획기적인 기구를 채용한 '그랑프리'라는 변속기를 발표했다. 캄파놀로가 개발한 평행사변형식을 바탕으로 삼았지만 캄파놀로와 달리 자키 풀리가 프리휠의 톱니 끝을 따라서 움직이는 방식이었다. 이에 따라 변속 성능이 비약적으로 향상되었음은 말할 필요도 없다.

슬랜트 팬터그래프는 마에다 공업의 특허였기 때문에 다른 제조사는 손가락만 빨면서 바라볼 수밖에 없었는데, 20년 후 특허 기간이 종료되자마자 시

슬랜트 팬터그래프 시스템이란?

슬랜트 팬터그래프식 변속기   기존의 변속기

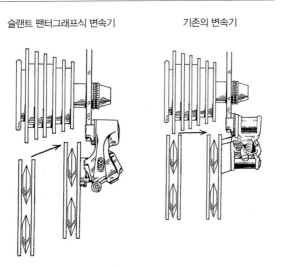

슬랜트란 '경사'라는 뜻이다. 팬터그래프 부분이 비스듬하게 이동하도록 각이 잡혀 있어서 자키 풀리가 프리휠의 톱니 끝을 따라 움직인다. 이에 따라 변속 성능이 향상되었다.

1992년
슬랜트 팬터그래프 시스템을 채용한 선투어의 슈퍼브
1963년 마에다 공업은 획기적인 슬랜트 팬터그래프 시스템을 개발했다. 사진 속 모델은 평가가 높았던 1992년 모델 '슈퍼브 프로'다.

마노는 1984년에 발표한 듀라에이스 7400시리즈에 슬랜트 팬터그래프 시스템을 도입했다. 또한 캄파놀로도 1992년 이후 기존의 '세로 메카'에서 '가로 메카'로 변경한 C 레코드에 슬랜트 팬터그래프를 도입했다.

06

시마노의 뒤 디레일러

지금은 세계 최대의 컴포넌트 제조사로서 부동의 지위를 구축한 시마노. 그중에서도 변속기 계통은 압도적인 고성능으로 많은 사용자를 매료시키고 있다. 그러나 그들의 놀라운 기술도 여러 시행착오 끝에 탄생한 것이다.

처음에는 내장 변속기가 주력 품목

1921년 시마노 쇼자부로가 오사카 부 사카이 시에서 창업한 시마노(창업 당시의 명칭은 '시마노 철공소'였으며, 1951년에 '시마노 공업'을 거쳐 1991년에 '시마노'로 변경되었다. 이하 '시마노'로 통일한다.)의 주력 상품은 원래 프리휠이었다. 그러다 제2차 세계대전이 격화하자 시마노도 군수 산업에 동원되었고, 이 때문에 한동안은 새로운 자전거 부품을 개발할 수 없었다.

시마노가 변속기 분야에 손을 댄 것은 제2차 세계대전이 끝난 뒤였다. 1957년에 영국의 스터미아처를 본떠서 제조한 내장 변속기 '3스피드 허브'가 시마노의 첫 변속기다. 시마노가 내장 변속기에 주목한 이유는 외장 변속기처럼 체인이 벗겨지기 쉽다는 단점이 없으며, 레저용과 생활용으로도 쓸 수 있다는 장점이 있다고 생각했기 때문이다. 그러나 시마노의 예상과 달리 3스피드 허브

1958년에 제품화한 3스피드 허브
신형 3스피드 허브는 기존 3스피드
허브에 비해 페달링이 가볍고 헛도
는 페달질이 없으며, 제작 비용도 절
감했다. 1958년 9월에 발매되어 대
히트를 기록했다.

는 전혀 팔리지 않았고, 불량 재고가 대량으로 쌓이게 되었다. 헛도는 페달질
이 많다는 문제점도 있었지만, 무엇보다도 당시에 이미 모방품을 받아들이지
않는 풍조가 자리 잡고 있었던 점이 컸다.

시마노는 처음부터 다시 3스피드 허브를 개발하는 작업에 착수했고, 1958
년 8월에 시작품을 완성했다. 시작품이 완성되자 즉시 오사카-도쿄에서 로드
테스트를 실시했으며 3스피드 허브를 사용한 내구 테스트 레이스도 개최했다.
이러한 과정을 거쳐 같은 해 9월에 발매된 새로운 3스피드 허브는 순조로운
판매 추이를 보였고, 한 달에 3,000개였던 생산량이 1959년에는 1만 개, 1960
년에는 5만 개로 증가하는 놀라운 성과를 기록했다.

3스피드 허브의 생산량은 1965년에 월간 10만 개로 정점을 찍었는데, 그
뒤로 판매량이 급속히 하락했다. 이른바 '쇼와 40년 불황'의 타격을 입은 것
도 한 가지 원인이지만, 이 무렵부터 외장 변속기를 장착한 스포츠 로드바
이크가 유행했다는 시대 배경도 커다란 요인이었다. 당시 내장 변속기는

시마노 뒤 디레일러 구조의 역사

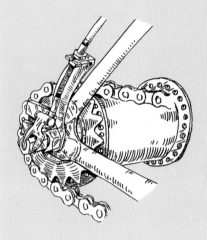

내장 3단 변속기
변속 기구를 뒤 허브 속에 내장한 변속기. 시마노는 처음에 영국의 스터미아처를 모방하려다가 실패한 뒤 다시 개발에 들어가 1958년에 시작품을 완성했다. 그야말로 시마노의 사운을 건 제품이었다.

초기의 외장 변속기
내장 변속기로 이름을 떨친 시마노는 소비자의 요구에 부응해 1964년 첫 외장 변속기 '아처리'를 발표했다. 1974년에는 세계 최초의 인덱스 시스템을 장비한 '포지트론'을 발표했는데, 이것은 훗날 SIS로 이어지는 제품이다.

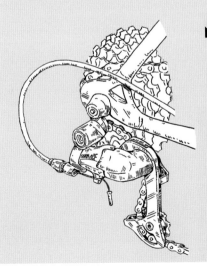

현재의 외장 변속기
풀리가 스프라켓의 톱니 끝을 따라서 이동하는 슬랜트 팬터그래프 시스템은 변속 성능을 크게 향상시켰다. 지금은 모든 제조사가 같은 시스템을 채용하고 있다. 포지트론에서 변속기에 장착되었던 인덱스 기구는 레버 쪽에 장착했다.

3단 변속까지가 한계였지만 외장 변속기는 5단 변속까지 가능했던 것이다.

1964년 드디어 외장 변속기 분야에 뛰어들다

물론 시마노도 외장 변속기가 성장하는
상황을 지켜보고 있기만 한 것은 아니었다. 1964년
시마노는 자사의 첫 외장 변속기 '아처리'를 완성했
다. 1965년에는 '시마노 333'을 발매하며 본격적으
로 외장 변속기 분야에 뛰어들었다.

초기 3스피드 허브

크게 성공한 3스피드 허브의 제작
노하우는 '인터-7'에 계승되었다.

1967년에는 '아처리-W'와 '라크-W'를 개발했
고, 시마노의 독자적인 서보 팬터그래프 시스템을
탑재한 '스카이라크'도 발매했다. 서보 팬터그래프
시스템이란 기존의 슬라이드 스프링을 없애고 와이어의 힘으로 기어 변경을
할 수 있도록 만든 것인데, 적은 힘으로 체인을 기어에서 기어로 매끄럽게 이
동시킬 수 있다는 장점을 지녔다.

당시 시마노가 최대 경쟁사로 간주한 곳은 프랑스의 휴레였다. 휴레는 외장
변속기 분야에서 긴 역사를 자랑하는 최고의 브랜드였다. 시마노는 휴레에 대
항하고자 다양한 상품을 잇달아 시장에 투입했고, 그 결과 1971년에 매출액으

3스피드 허브를 사용한 레이스
1958년 8월에 '3스피드 허브'를 개발한 시마노는
오사카-도쿄 구간에서 로드테스트를 하고 내구 테
스트 레이스를 개최했다.

시마노 외장 변속기의 변천

1964년 시마노의 첫 외장 변속기 '아처리'

내장 변속기 3스피드 허브를 주력 상품으로 삼았던 시마노가 처음으로 개발한 외장 변속기. 아직 시작품 성격이 강한데, 외장 변속기를 만든 경험이 없는 시마노로서는 암중모색의 상태였을 것이다.

1965년 '시마노 3.3.3' 외장 변속기

1965년 시마노가 본격적으로 시장에 투입한 외장 변속기. 당시의 시마노를 상징하는 문장(紋章)이었던 '3.3.3'을 이름으로 부여받은 것을 봐도 시마노가 이 제품에 얼마나 열정을 쏟아부었는지 알 수 있다. 마침 당시 일본에 본격적인 사이클 열풍이 불었다.

1970년대 스포츠 로드바이크에 많이 채용되었던 '이글 GTO'

1970년대 초엽에 발매되었던 소년용 스포츠 로드바이크에 많이 채용되었던 모델이다. 상당히 묵직하다. 이른바 '세로 메카'다. 이것은 필자의 소장품인데, 중학생 시절에 실제로 사용했던 것이다.

1973년 1세대 듀라에이스에 사용되었던 '크레인'

크레인은 1971년에 미국 시장을 목표로 개발된 고급 외장 변속기인데, 알루미늄 합금으로 만들었다. 1973년에 유럽 시장을 목표로 듀라에이스를 개발했을 때, 듀라에이스의 변속기로 채용되었다.

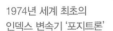

1974년 세계 최초의 인덱스 변속기 '포지트론'

시마노가 선구적으로 개발한 인덱스 변속 시스템을 도입한 변속기. 어려운 변속 작업을 개선하려는 목적으로 만들었다. 현재는 인덱스 시스템이 레버에 내장되어 있지만, 이 제품의 경우 변속기에 기구가 있다.

1984년 근대 변속기의 초석 '7400시리즈'

1984년 세계 최초로 인덱스 시스템을 채용한 레이싱 컴포넌트 '듀라에이스 7400시리즈'가 발표되었다. 시마노가 슬랜트 팬터그래프 시스템을 처음 도입한 제품이다. 사진은 7400의 최종형인 RD-7402.

듀라에이스를 처음으로 사용한
시마노 플란드리아의 선수들
1973년 듀라에이스를 탄생시킨 시마노는 즉시 벨기에
의 완성차 제조사 '플란드리아'가 보유한 팀의 스폰서가
되었다. 시마노의 첫 스폰서 팀인 '시마노 플란드리아'가
탄생한 것이다. 듀라에이스는 이곳에서의 활약을 바탕
으로 꾸준히 진화해나갔다.

로 휴레를 앞질렀다. '3스피드 허브의 시마노'에서 '세계적인 변속기 제조사 시
마노'로 변신한 것이다.

1973년 시마노는 유럽 시장을 목표로 최고급 레이싱 컴포넌트 '듀라에이스'
를 발표했다. 뒤 디레일러에 '크레인'을 채용한 점은 이 제품이 급조되었다는
느낌을 부정할 수 없게 하지만, 제품 발표와 동시에 벨기에의 프로 팀인 플란
드리아에 듀라에이스를 공급해 시마노의 첫 스폰서 팀 '시마노 플란드리아'를
탄생시켰다. 이것이 지금도 황금기를 구가하고 있는 시마노 듀라에이스의 첫
걸음이다.

1974년에는 세계 최초의 인덱스 변속 시스템을 채용한 뒤 디레일러 '포지트
론'을 발표한다. 이 시스템이 레이싱 컴포넌트와 결합되어 1984년에 '듀라에
이스 7400시리즈'의 탄생으로 이어졌다.

07

시마노의 뒤 스프라켓

이탈리아의 컴포넌트 제조사인 캄파놀로는 혁신적인 제품을 다수 만들었는데, 시마노도 그에 못지않게 혁신적인 제품을 만들어왔다. 그중 하나인 스프라켓의 역사를 살펴보자.

싱글 풀리야말로 시마노의 원점

시마노 쇼자부로는 자전거 부품 제조사인 다이쇼 철공소에서 일하는 우수한 기술자였다. 그러나 1920년 3월의 주가 폭락에서 시작된 대공황의 여파로 다이쇼 철공소의 조업이 중지되자 독립을 결심하고, 1921년에 '시마노 철공소'를 세웠다. 창업 당시 고작 선반 한 대밖에 없었지만, 이듬해인 1922년에 기계를 늘려서 프리휠 제작에 착수했다. 그런 역사 때문인지 시마노는 그 후에도 일관되게 프리휠과 뒤 스프라켓, 혹은 이것을 제어하는 시스템에 끝없이 집착하며 세계 최고의 성능을 자랑하는 획기적인 제품을 지속적으로 세상에 내놓았다.

1973년 시마노는 레이싱 컴포넌트 '듀라에이스'를 제조했다. 타사에 앞서는 냉간 단조 기술을 무기로 알루미늄을 많이 사용한 경량 컴포넌트를 생산한

약 60년 전의 시마노 철공소
1960년경의 공장 전경. 내장 3단 허브를 조립하던 곳이다. 아직 본격적인 컴포넌트 제작에 착수하지 않은 시기로, 회사 규모도 지금과는 비교가 되지 않는다. '마을 공장'이라고 말하는 편이 어울리는 분위기다.

것이다. 그리고 즉시 벨기에 프로 팀인 플란드리아의 스폰서가 되어 프로 로드 레이스에 도전했다.

처음에는 고난의 연속이었다. 듀라에이스의 뒤 디레일러로 기존 제품인 '크레인'을 그대로 사용했는데, 내구성이 약했기 때문에 레이스 현장에서는 몇 주밖에 버텨내지 못했다. 다만 더블 텐션 시스템을 채용한 크레인의 변속 속도는 당시에도 캄파놀로 제품을 능가했다. 즉 기본 구조에는 아무런 결점도 없었다. 그 후 듀라에이스는 1978년에 2세대인 '듀라에이스 EX', 2년 후인 1980년에는 에어로 콘셉트를 채용한 '듀라에이스 ax'로 진화했다.

1984년에 등장한 듀라에이스 7400시리즈는 전 세계가 시마노를 명실상부한 캄파놀로의 경쟁사라고 인정하게 만든 모델이다. 그중에서도 획기적이었던 것은 SIS(Shimano Index System)라고 명명한 변속 레버였다. 래칫 기구를 내장한 이 변속 레버는 그때까지 운전자의 경험과 감에 의존했던 변속을 누구나 할 수 있는 간단한 조작으로 바꿔버렸다. SIS의 원형은 시마노가 1974년에 개발한 포지트론 시스템에 있었지만, 일반 자전거용이었던 이 시스템을 레이싱 컴포넌트에 도입한 것은 그야말로 시마노의 선견지명 덕분이었다.

1990년에는 브레이크 레버와 변속 레버를 일체화한 듀얼 컨트롤 레버, 통칭 STI(Shimano Total Integration) 레버를 내놓았는데, 이것은 그야말로 새로운

시마노 풀리·스프라켓 구조의 역사

싱글 풀리
시마노가 창업 당시부터 만들고 있는 싱글 풀리. 지금도 일반 자전거 분야에서 수요가 많다. 시마노의 베스트셀러 상품이다.

보스 풀리
풀리 본체와 스프라켓이 일체화된 고전적인 유형의 프리휠. 시마노 제품의 경우, 변속 성능을 높이기 위해 일반 톱니를 UG, HG로 발전시켰다.

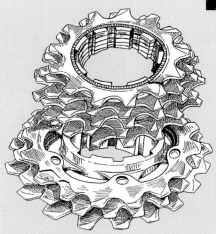

카세트 스프라켓
풀리 본체를 허브와 일체화했고, 그 덕분에 허브의 베어링 위치가 적정하게 바뀌었다. 스프라켓도 교환이 매우 용이해졌다.

시마노가 개발한 인덱스 시스템의 원리

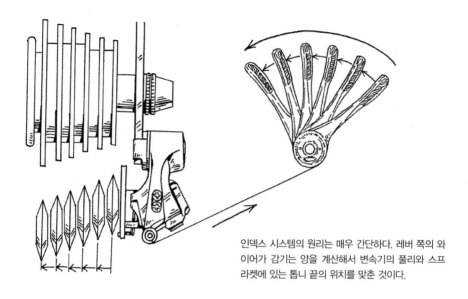

인덱스 시스템의 원리는 매우 간단하다. 레버 쪽의 와이어가 감기는 양을 계산해서 변속기의 풀리와 스프라켓에 있는 톱니 끝의 위치를 맞춘 것이다.

시대의 시작을 알리는 제품이었다. 때와 장소를 가리지 않고 경쟁자 모르게 변속이 가능했기 때문이다. STI 레버가 끼친 영향력은 실로 대단해서 로드바이크 레이스 전술 자체를 바꿔버릴 정도였다.

레버 부분에만 주목하기 쉽지만, 스프라켓과 체인의 발전도 간과할 수 없다. 1977년에 개발된 UG(유니글라이드) 시스템은 변속 성능의 향상이라는 숙원을 해결한 제품이다. 다단 변속의 경우 체인은 전방 회전뿐만 아니라 좌우상하로 원활하게 이동할 수 있는 기능을 겸비해야 한다. 그래서 기존에 평면이 상식이었던 체인의 외판을 바깥쪽으로

창업자 시마노 쇼자부로의 이름에서 유래한 마크

시마노의 창업자 시마노 쇼자부로. 하단은 창업 당시 시마노의 트레이드마크. 창 3자루와 창업자의 이름에 있는 '3'을 모티프로 디자인했다.

듀라에이스를 처음으로 사용한
플란드리아 팀

1973년 듀라에이스를 개발한 시마
노는 이 제품을 제일 먼저 벨기에
플란드리아 팀에 공급했다. 유럽의
프로 로드 레이스에서 시마노의 역
사가 시작된 순간이다.

불룩하게 만들어 변속 성능을 높였다.

　UG 체인의 개발과 보조를 맞춰서 체인과 맞물
리는 기어의 톱니 끝을 비스듬하게 비튼 UG 프리
휠도 함께 개발했다. 또한 1988년에는 변속 포인
트를 설정한 HG(하이퍼글라이드) 시스템을 개발했
다. 그전까지는 변속을 할 때 페달에 토크를 걸 수
없었는데, 페달을 밟으면서도 변속할 수 있도록 만
든 것이다. 이것과 듀얼 컨트롤 레버를 조합한 현재
의 시마노 컴포넌트는 누구나 간단히 변속을 할 수
있는 제품이 되었다.

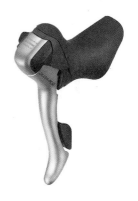

시마노의 컴포넌트에서 가장 획기
적인 제품이 바로 듀얼 컨트롤 레
버. 레이스 전술 자체를 바꿔버
릴 정도의 제품이었다.

08

PCD와 이너 기어 톱니 수의 변화

최소 이너 34T의 콤팩트 크랭크가 인기를 끌었다. 프로 선수조차
도 험준한 산악 스테이지에서는 콤팩트 크랭크를 사용한다. 그런
데 과거에는 프로 선수들이 당연하다는 듯이 46T의 이너 기어를
사용했다는 사실을 아는가? 크랭크의 PCD와 이너 기어 톱니 수
의 변화를 되돌아보자.

코피는 46T로 알프스 산을 올랐다

1940년대부터 1950년대에 걸쳐 활약한 위대한 챔피언 파우스트 코
피는 1940, 1947, 1949, 1952, 1953년의 지로 디탈리아와 1949, 1952년의 투
르 드 프랑스에서 우승했다. 지로 디탈리아에는 돌로미테, 투르 드 프랑스에는
알프스와 피레네의 산악 지대를 넘는 코스가 반드시 존재하는데, 놀랍게도 당
시 크랭크는 고작해야 최소 이너 45T 정도밖에 없었다. 요컨대 코피가 활약하
던 시절의 선수들은 요즘 선수들이 콤팩트 크랭크인 34T를 사용하는 언덕길
을 타임 트라이얼 바이크에서 사용하는 45T나 46T 같은 기어로 올랐다는 말
이다.

당시 코피가 사용했던 바이크가 지금도 박물관에 보존되어 있는데, 그것을
보면 그는 산악 지역에서도 46T를 사용한 듯하다. 지금도 남아 있는 기록 영

화에서 산악 코스를 오르는 코피의 페달링을 살펴보면, 분당 30~50회전 정도의 낮은 회전수였다. 힐 클라이밍을 경험한 적이 있는 사람이라면 이것이 얼마나 힘든 일인지 어렵지 않게 상상할 수 있을 것이다.

물론 당시라고 해서 작은 이너 기어가 달린 크랭크가 없었던 것은 아니다. 프랑스 선수들이 자주 사용한 TA의 프로페셔널이라는 체인링은 최소 이너 43T였지만, 프로 선수들은 역시 45T나 46T를 선호했다. 당시 프로 선수들 사이에서는 '작은 기어는 아마추어나 쓰는 물건. 프로라면 46T로 산악 코스를 달릴 수 있어야지.'라는 분위기가 있었던 모양이다. 결국 1958년에 캄파뇰로 레코드가 발표되기까지 이런 커다란 이너가 계속 사용되었다.

메르크스의 시대에는 42T가 주류

캄파뇰로 레코드는 크랭크와 5암을 일체화한 최초의 제품으로, 현대의 모든 로드바이크용 크랭크의 원류라고 할 수 있다. 1959년에 페데리코 바하몬테스가 이 크랭크를 사용해 투르 드 프랑스를 제패한 뒤로 캄파뇰로의 크랭크는 순식간에 프로 선수들의 표준 장비가 되었다.

캄파뇰로의 크랭크는 처음에 PCD 151밀리미터에 최소 이너 44T였는데, 이후 PCD 144밀리미터에 최소 이너 42T로 변경되었다. 결국 사상 최강

이너의 톱니 수는 46T에서 42T로 변화했다

과거 프로 선수들은 커다란 기어로 산악 코스를 올랐다. 지금 선수들은 콤팩트 크랭크를 이용해 산을 오른다.

99

크랭크 구조의 역사

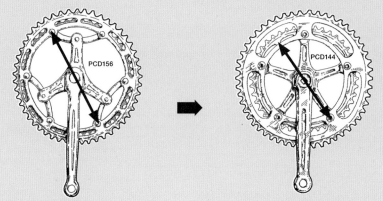

최소 45T인 코피 시대의 크랭크
1950년대까지는 이와 같은 형태의 크랭크가 사용되었다. 프랑스에서는 스트롱라이트의 크랭크와 생플렉스의 체인링 조합이 일반적이었으며, PCD는 156밀리미터, 최소 이너는 45T로 컸다.

최소 42T 시대인 1960년대의 캄파놀로
1958년 캄파놀로는 레코드의 크랭크를 발표했다. 처음에는 PCD 151밀리미터에 최소 이너 44T였지만, 이후 PCD 144밀리미터로 변경되었고 최소 이너 42T(41T)를 채용했다.

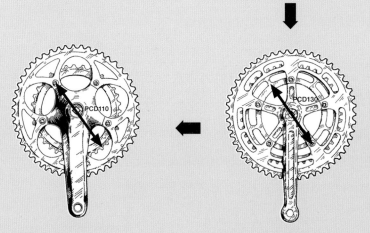

최소 34T인 콤팩트 드라이브
PCD 110밀리미터의 크랭크는 원래 MTB에서 사용했다. 2005년에 FSA가 콤팩트 드라이브를 로드바이크에 본격적으로 도입하면서 프로 선수들이 산악 레이스에서 사용하자 단번에 크게 유행했다.

최소 39T를 표준화한 시마노
일본의 많은 제조사가 캄파놀로를 표준으로 삼아 제품을 개발하는 가운데 시마노는 독자적인 규격을 차례차례 제품화했다. PCD 130밀리미터에 최소 이너 39T(38T)를 처음 도입한 곳도 시마노다.

의 선수로 불리는 에디 메르크스가 활약한 1960~1970년대에는 42T가 프로 선수들의 표준이 되었다.

레코드의 크랭크는 너무나 완성도가 높았기에 기본 구조의 변경 없이 1985년까지 프로 레이스의 제일선에서 활약했다. 베르나르 이노가 투르 드 프랑스에서 마지막으로 우승한 1985년에 사용한 컴포넌트도 레코드의 발전형인 슈퍼 레코드(크랭크는 레코드와 동일)였다.

PCD 130밀리미터는 시마노가 만든 규격

1983년 듀라에이스 시리즈를 완성한 시마노는 유럽의 프로 레이스 세계에 뛰어들었다. 듀라에이스의 크랭크는 PCD 130밀리미터에 최소 이너 39T를 채용한 것이었다. 이 크랭크를 사용한 시마노 플란드리아의 선수들은 코펜베르크나 뮐 같은 가파른 언덕을 캄파놀로를 장착한 선수들보다 쉽게 오를 수 있었고, 이에 따라 캄파놀로 사용자들 사이에서도 "좀 더 작은 이너를!"이라는 목소리가 높아졌다.

결국 캄파놀로도 1985년에 발표한 C 레코드에 최소 이너 39T를 채용했다. 다만 캄파놀로는 시마노와 달리 PCD 130밀리미터를 채용하지 않고 135밀리

1975년 푸조 팀은 PCD가 작은 스트롱라이트 93D로 투르 드 프랑스를 제패했다
베르나르 테브네(프랑스, 푸조)는 1975년에 최소 이너 37T를 채용한 스트롱라이트 93D로 산악 코스에서 메르크스를 앞질렀고, 결국 프랑스에 우승컵을 안겼다.

각 제조사의 크랭크 구조

1971~1975년, PCD122, 스트롱라이트 93D
전작 63D보다도 크랭크를 굵게 만들어 강성을 높인
모델. 최소 이너 37T를 채용해 산악에서는 캄파놀로
보다 유리했다. 1975년에 발표한 105도 마찬가지로
'별 모양'이었지만, 106에서는 캄파놀로와 같은 PCD
144를 채용했다.

1975~1985년, PCD144,
캄파놀로 슈퍼 레코드
1974년 밀라노 자전거 박람회에서 발표된 캄파놀로
의 슈퍼 레코드는 1985년까지 프로 레이스의 제일선
에서 활약했다. 현재 체인휠 디자인은 전부 슈퍼 레코
드의 아류라고 해도 과언이 아니다.

1981~1986년, PCD144, 스트롱라이트 107
전작 106을 대신해 등장한 모델. 크랭크의 겉 부분에
홈을 파지 않고 공기 역학적 형태로 만들었다. 푸조
팀 외에 1983년에는 르노 지탄에도 채용되어 로랑
피뇽의 투르 드 프랑스 첫 우승에 공헌했다.

1986~1995년, PCD135, 캄파놀로 C 레코드
캄파놀로는 1985년 밀라노 자전거 박람회에서 C 레
코드 시리즈를 발표했다. 이 제품에서 PCD를 작게
만들기는 했지만, 시마노의 130밀리미터에 대항해
135밀리미터를 채용했다. 최소 이너는 39T.

1990~1996년, PCD130, 마빅 631
지금은 컴포넌트 분야에서 철수한 마빅이지만, 1980
~1990년대에는 프로 레이스에서 활약했다. 631 크
랭크는 시마노와 같은 PCD 130을 채용했다. 사진은
폭이 좁아진 후기형 모델이다.

1996~1999년, PCD130, TA 알리제
TA는 투어링용 5핀 크랭크로 유명하지만, 과거부터
로드바이크용 제품도 만들어왔다. 알리제는 Gan 팀
에서 채용한 모델로, 크리스 보드만이 1997~1998
년에 투르 드 프랑스의 프롤로그를 연패했을 때도 사
용했다.

각 제조사의 PCD 변천(단위: 밀리미터)

시마노

크랭크	PCD
1세대 듀라에이스 이후(최소 이너 39T)	130
콤팩트(최소 이너 34T)	110

캄파뇰로

크랭크	PCD
1세대 레코드(최소 이너 44T)	151
2세대 레코드(최소 이너 42T)	144
C 레코드 이후(최소 이너 39T)	135

스트롱라이트

크랭크	PCD
63, 93, 105(최소 이너 37T)	122
106, 107(최소 이너 42T)	144
풀시온	130
콤팩트	110

TA

크랭크	PCD
알리제	130
제파	110

FSA

크랭크	PCD
노멀	130
콤팩트	110

미터라는 새로운 규격을 만들었다. 타사가 만들어낸 새로운 규격을 따르는 일
은 자존심이 허락하지 않았던 것이다. 지금은 PCD 110밀리미터, 최소 이너
34T인 콤팩트도 프로 선수들 사이에서 사용되고 있다. 캄파뇰로도 콤팩트 드
라이브를 제조하고 있는데, 일부 PCD를 바꿔서 타사와의 호환성을 확보했다.

09

크랭크와 BB 축의 감합 방식

2000년대에 일어난 바이크 기술 혁신 중에서도 특히 크랭크와 BB(바텀 브라켓) 축의 감합 방식은 눈이 부실 정도로 발전했다. 이번에는 주로 시마노 제품에 초점을 맞춰서 이 기술이 어떻게 발전해왔는지를 살펴보도록 하자.

옛날에는 로드바이크도 코터드 방식이었다

　요즘 로드바이크에 입문한 사람들은 '코터드'가 무엇인지 모를 것이다. 과거에는 크랭크와 BB 축이 '코터 핀'이라고 부르는 철제 핀으로 고정되어 있었다. 이 핀으로 고정하는 방식의 크랭크를 코터드라고 하며, 1940년대까지는 레이스계에서도 거의 모든 크랭크가 코터드 방식을 따랐다. 이후 다음에 설명할 '코터리스' 방식의 크랭크에 자리를 넘겨주지만, 마을을 달리는 일반 자전거 같은 경우는 1970년대까지도 코터드 방식이 주류였다. 실제로 필자가 1975년부터 고등학교 통학에 사용했던 자전거도 코터드 크랭크를 사용한 것이었다. 그러나 이 크랭크는 제작 정밀도가 그리 높지 않았는지, 반년 정도 사용하자 헐렁해져서 코터 핀을 교환해줘야 했다.

　역대 투르 드 프랑스의 우승 바이크를 살펴보면, 1952년에 파우스트 코피가

우승할 때 사용한 바이크까지는 코터드 방식의 크
랭크가 사용되었다. 그러나 이듬해인 1953년부터
캄파놀로나 스트롱라이트에서 제작한 코터리스 방
식의 크랭크가 위세를 떨쳤다. 그리고 마르코 판타
니가 우승한 1998년까지 46년 동안 단 한 차례의
예외도 없이 스퀘어(사각) 테이퍼 BB 축을 사용한
코터리스가 투르 드 프랑스를 지배했다.

　코터리스는 문자 그대로 '코터 핀을 사용하지 않
은 크랭크'라는 의미로, 코터드 크랭크가 사용되었
던 시절에는 알기 쉬운 표현이었지만 코터드 크랭
크를 거의 볼 수 없게 된 오늘날에는 의미를 알기
어려운 말이 되어버렸다.

　코터리스는 스퀘어 테이퍼 BB 축에 크랭크를 압
입해서 고정하는 방식의 크랭크다. 공작 정밀도만
높으면 잘 헐렁해지지 않으며, 겉모습이 깔끔하다
는 점이 인기 요인이었다. 다만 탈착을 반복하면 크
랭크의 테이퍼 부분이 안으로 깊숙이 들어가버린
다는 단점도 있었다. 구조상 체인 라인을 0.1밀리
미터 단위까지 정확히 맞추는 데는 적합하지 않은 크랭크인 것이다.

투르 드 프랑스에서 코터드 방식
의 크랭크를 사용해 우승한 마지
막 선수는 1952년의 파우스트 코
피였다. 아래 사진은 1952년 지로
디탈리아에서 역주하는 코피의 모
습. 일반 자전거용으로는 1960~
1970년대까지 남아 있었다. 위 사
진은 프랑스 솔리다의 일반 자전
거용 크랭크.

듀라에이스도 처음에는 스퀘어 테이퍼였다

　1973년에 발매된 시마노의 최고급 컴포넌트 '듀라에이스'의 크랭크
도 물론 코터리스 방식이었다. 그 후 1978년에 발표된 듀라에이스 EX나 에어
로 콘셉트를 도입한 1980년의 듀라에이스 ax도 크랭크는 변함없이 코터리스
방식이었다.

크랭크 감합 구조의 역사

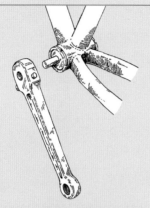

코터드
코터 핀이라는 철제 핀으로 크랭크를 고정하는 고전적인 방식. 지금은 거의 찾아볼 수 없게 되었지만 30~40년 전만 해도 거리를 달리는 일반 자전거에는 이 유형의 크랭크가 많이 사용되었다. 레이스계에서는 1940년대까지 이 유형이 주류였지만 1950년대에 들어서자 코터리스 방식이 유행했다.

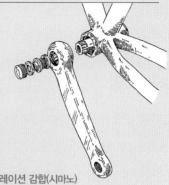

옥타세레이션 감합(시마노)
1996년에 발표한 듀라에이스 7700시리즈에 탑재된 방식. 8개의 세레이션으로 크랭크와 BB 축을 맞물린다. 기본 아이디어는 과거에도 있었지만, BB 축의 지름을 키워서 강성을 높인 점은 주목할 만하다. 2003년에 듀라에이스 7800시리즈가 홀로테크II를 탑재하고 등장한 뒤로 트랙용을 제외한 프로 레이스의 세계에서 급속히 모습을 감췄다.

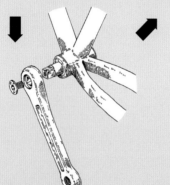

코터리스(사각 테이퍼)
사각 테이퍼 모양의 BB 축에 크랭크를 고정하는 방식. 코터 핀을 사용하지 않기 때문에 '코터리스'라고 부른다. 탈착을 계속 반복하면 크랭크의 테이퍼 부분이 넓어져서 체인 라인이 안쪽으로 어긋나는 단점이 있었다. 1950년대에 보급되어 1990년대까지 주류를 이루었지만, 현재는 레이스 세계에서 모습을 감췄다.

홀로테크II
2003년. 듀라에이스 7800시리즈에 도입된 방식. 우측 크랭크와 BB 축을 일체화하고 좌측 크랭크를 볼트 2개로 고정한다. 이 방식도 아이디어는 과거부터 있었지만, 베어링을 BB쉘의 바깥쪽으로 나오게 하는 등 여러 궁리를 통해 강성을 더욱 높였다. 강성을 높이는 일은 뒤 스프라켓을 다단화할 때 필수 조건이 된다.

1984년에 발표된 듀라에이스 7400시리즈는 인덱스 변속 시스템인 SIS 시스템을 도입한 획기적인 컴포넌트였지만, 이때도 크랭크는 스퀘어 테이퍼를 이용한 코터리스 방식이었다. 그 후 듀라에이스에는 HG 카세트 스프라켓, 듀얼 피봇 브레이크, 통합 변속 시스템인 STI 시스템, SGX 체인링 등 다양한 신기술이 도입되었는데, 크랭크와 BB 축의 고정 방식에 신기술이 도입된 적은 없었다.

이것은 코터리스 방식의 완성도가 매우 높았다는 방증이기도 한데, 생각지도 못했던 곳에서 크랭크를 고정하는 방식을 다시 궁리하게 되는 계기가 찾아왔다. 1993년에 발표된 7410시리즈 크랭크가 프로 팀에 공급되었는데, 크랭크의 강성이 부족하다는 지적을 받은 것이다. 프로 선수가 가파른 경사에서 제로 발진을 하면 크랭크가 휘어져서 기어가 멋대로 변속되어버리는 사태가 일어났다. 일반 사용자라면 생각할 수 없는 상황이지만 프로 레이스의 세계는 이런 극한 상황에서 진행된다.

잇달아 등장한 시마노의 새로운 시스템

강성 문제를 지적받자 시마노는 BB 주위의 강성을 확실히 높여야 하는 상황에 놓였다. 기존 방식으로는 충분한 강성을 확보할 수 없다고 생각한 시마노는 먼저 BB 축의 지름을 키우는 방법을 생각해냈다. 강성은 지름의 제곱에 비례하므로, 만약 지름을 2배로 키운다면 강성은 4배가 된다. 이것은 크랭크와 BB 축을 고정하기 위한 새로운 방법도 궁리해야 함을 의미했다. 그래서 고안된 것이 '옥타세레이션'이라는 감합 방식이다. 또한 크랭크에는 중공(中空) 구조가 도입되었고, BB의 베어링에는 작은 볼 베어링을 보완하기 위해 니들 롤러 베어링까지 채용되었다. 뿐만 아니라 그 뒤에 발표된 7800시리즈에서는 크랭크와 BB 축을 일체화하고 베어링을 BB 쉘의 바깥쪽으로 나오게 해서 기구를 간소화하는 동시에 강성을 높이는 데도 성공했다.

듀라에이스 크랭크·BB 감합 방식의 변천

1984년 7400시리즈
스퀘어 테이퍼 축과 리테이너 방식의 BB

SIS를 도입해 높은 평가를 받았던 7400시리즈도 BB 축은 아직 고전적인 스퀘어 테이퍼였다. BB의 베어링은 리테이너(작은 구슬을 모아놓은 베어링) 방식으로, 구슬을 조정하기 위해서는 어느 정도 숙련도가 필요했다. 축의 길이는 112.5밀리미터. 정통적인 설계로 신뢰성이 높아서 7410시리즈가 발표된 뒤에도 계속 사용하는 선수가 있었다.

1993년 7410시리즈
로 프로파일 크랭크와 카트리지식 BB

BB 축을 극한까지 짧게 만들어 강성과 공기 역학적 특성을 높인 모델. 축의 길이를 103밀리미터까지 줄였다. 크랭크가 가늘어진 탓에 오히려 강성 부족을 지적하는 프로 선수도 많았다. BB에는 카트리지 방식을 채용해 번거로운 베어링 구슬 조정이 필요 없어졌다.

1996년 7700시리즈
옥타세레이션 감합

8개의 세레이션으로 크랭크와 BB 축을 맞물리는 고정 방식인데, 주안점은 BB 축의 지름을 크게 만드는 데 있었다. 초기 크랭크인 FC-7700은 용접 방식을 이용한 중공 구조였지만 비용이 지나치게 높았던 까닭에 FC-7701에서는 파이프를 찌부러뜨려 만드는 방법을 썼다. 또한 BB에는 롤러 베어링을 채용했다.

2003년 7800시리즈
BB 축을 우측 크랭크와 일체화한 홀로테크II

BB 축과 우측 크랭크를 일체화하고 베어링을 BB쉘의 바깥쪽으로 나오게 했다. 이 덕분에 비용 절감과 신뢰성 향상이라는 두 마리 토끼를 잡았다. 좌측 크랭크의 세레이션은 7700시리즈보다 훨씬 가늘어졌다.

10

시마노의 클릿 페달

로드바이크의 클릿 페달은 1985년에 프랑스의 룩사(社)가 실용화했다. 그 후 타임, 캄파놀로, 스피드플레이 등 수많은 제조사가 페달을 내놓았는데, 여기에서는 시마노가 만든 클릿 페달의 역사를 정리해보려 한다. 대담한 변화에서 이상을 추구하는 시마노의 자세를 엿볼 수 있다.

완성도가 높았던 PD-7410

1985년 룩사가 내놓은 세계 최초의 클릿 페달 'PP-65'는 많은 선수에게 그 유용성을 인정받았다. 그러자 1987년에는 타임도 클릿 페달을 내놓았고, 많은 선수가 클릿 페달을 사용하면서 그전까지 로드바이크용 페달 시장에서 압도적인 점유율을 자랑했던 양대 거인 캄파놀로와 시마노는 완전히 체면을 구겼다.

이에 캄파놀로는 클릿 페달을 독자 개발하기로 결심한다. 그리고 'SGR'이라는 제품을 완성해 1989년에 발매하지만, 전체적으로 흔들림이 크고 무거워서 급조한 제품이라는 인상을 감추기 어려웠다. 결국 선수들의 지지를 얻지 못한 이 제품은 캄파놀로 역사상 보기 드문 실패작으로 끝나고 말았다.

한편 시마노는 노하우가 없는 클릿 페달을 독자적으로 개발하는 무리수를 두는 대신 프랑스의 룩사와 공동으로 제품을 개발하는 길을 선택한다. 즉 클릿 부분 같은 본체는 룩사가 담당하고 회전부만 시마노가 제조하기로 한 것이다.

마침내 1989년 시마노의 첫 클릿 페달인 'PD-7401'이 발표되었다. PD-7401은 듀라에이스의 클립 앤드 스트랩식 페달 PD-7400의 회전부를 사용한 최고급 모델이었는데, 품번과 패키지가 듀라에이스와 똑같았다. 다만 '듀라에이스'가 아니라 단순히 '시마노 클립리스 페달 PD-7401'이라는 명칭으로 판매되었다. 시마노가 독자적으로 만든 제품이 아닌 PD-7401에 듀라에이스의 이름을 붙일 수는 없었다. 듀라에이스는 시마노가 자랑하는

일본인으로는 최초로 투르 드 프랑스에 참가한 이마나카 다이스케. 시마노의 사원이기도 했던 그는 당연히 당시 모델이었던 SPD 페달 'PD-7410'을 사용했다.

기술의 결정체인 최고급 컴포넌트였기 때문이다. 시마노 개발진의 자존심을 느끼게 하는 일화다.

독자 개발한 제품은 아니지만 PD-7401은 그 견고함과 세련된 디자인이 호평을 받아 신형이 발표된 뒤에도 제일선에서 꾸준히 사용되었다. 예를 들어 토미 로밍거(스위스, 마페이)가 1995년 지로 디탈리아에서 우승했을 때나 아브라함 올라노(스페인, 마페이)가 1995년 세계 선수권 대회를 제패했을 때도 PD-7401을 사용했다. 시마노 본사에도 재고가 없었기 때문에 미국 우정국 소속의 정비사가 미국 국내의 바이크 숍에 닥치는 대로 전화를 걸어서 이 페달을 사 모았다는 일화는 유명하다. 시마노 본사에서도 소집령을 내려서 사원들이 소유한 PD-7401을 수집했다고 한다.

시마노 페달 구조의 역사

시마노가 개발한 최초의 SPD 페달
룩사의 기술을 활용해 만든 클립리스 페달 'PD-7401'을 대신해 1993년에 발매된 SPD 페달 'PD-7410'. MTB의 SPD 페달과 똑같은 클릿을 채용해 소형 경량화를 실현했다. 로드 클리어런스가 36도로 크다.

밟는 면을 확대한 차세대 모델 SPD-R
1998년에 발매된 SPD-R 페달 'PD-7700'. PD-7410보다 밟는 면이 커져서 안정감이 높아진 것이 가장 큰 특징이다. 발바닥과 축의 거리도 짧아졌다. 2002년에는 개량형인 PD-7701로 진화했다.

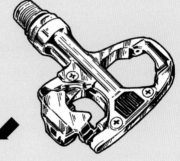

최신 유형 SPD-SL
2003년에 발매된 SPD-SL 페달 'PD-7750'. 2004년에는 PD-7800, 2007년에는 PD-7810으로 진화했다.

MTB의 노하우를 활용한 PD-7410

　　MTB 세계에서 대성공을 거뒀던 시마노는 MTB의 SPD 페달을 변형해 로드바이크용 페달을 완성했다. 바로 1993년에 발매된 PD-7410이다. MTB용과 호환성은 없지만 기본 설계는 거의 같은 클릿을 채용해 페달

본체의 무게를 크게 줄인 것이 특징이었다. 좌우 한 쌍의 무게가 313그램으로 PD-7401의 416그램에 비해 100그램 이상 가벼웠다.

또한 소형인 까닭에 로드 클리어런스(페달이 6시 방향일 때 차체를 얼마나 기울여야 지면과 충돌하는지 나타낸 수치-옮긴이)도 커서, 36도라는 값은 당시 시마노 사상 최댓값이었다.

1996년 투르 드 프랑스에 참가한 이마나카 다이스케(폴티)나 1996년 재팬컵에서 우승한 마우로 지아네티처럼 이 페달을 선호하는 선수가 있는 한편, '점을 밟는 것 같은 느낌'이라며 싫어하는 선수도 많았다. 프로 레이스의 세계에서는 PD-7401이나 울테그라 등급인 PD-6402 등이 함께 사용되었다.

PD-7700에서 PD-7750으로

시마노는 선수들의 더 많은 요구를 만족시키고자 완전히 새로운 시스템을 개발했다. 1998년에 발매된 SPD-R 페달 'PD-7700'이다. 이 제품은 PD-7410에서 가장 불만이 컸던 점, 즉 밟는 면적이 작다는 단점을 해결했기에 밟을 때의 안정감이 발군이었다. 또한 중량도 좌우 한 쌍이 298그램으로 가벼웠기에 많은 프로 선수에게 인정받았다.

2002년에는 PD-7701이 등장했다. 기존의 각진 단면이었던 스프링을 둥근 단면으로 바꾸고, 뒤 클로에 테플론 가공을 해서 더욱 자연스러운 그립과 릴리스감을 실현한 페달이다. 이처럼 SPD-R 페달은 더욱더 완성도가 올라갔다.

그런데 문제는 정작 이 제품을 사용해줬으면 하고 바랐던 핵심 선수가 사용을 거부한 것이었다. 바로 랜스 암스트롱이다. 현재 그는 몰락한 스타의 전형이지만, 당시에는 레이스계의 슈퍼스타였다. 당연히 그가 인정하는 제품은 최고의 제품으로 이름을 올렸다. 그는 PD-7401을 마음에 들어 해서 좀처럼 다른 것으로 바꾸려 하지 않았다. 할 수 없이 시마노는 그의 취향을 철저히 분석해 SPD-SL 페달 'PD-7750'을 완성했다.

PD-7700은 금속 클로가 금속 클릿을 고정할 때면 딸깍거리는 감각이 느껴졌는데, 랜스 암스트롱은 이 감각을 싫어했다. 그래서 시마노는 PD-7750에 수지로 만든 클릿을 채용하고, 뒤 클로도 수지로 재질을 바꿨다. 그 결과 PD-7750은 클로가 클릿을 고정할 때 '찰싹' 붙는 느낌을 주었고, PD-7401보다 고정감도 향상되었다. 이에 랜스 암스트롱도 만족감을 표시했다. 게다가 중량도 277그램으로 가벼워서 랜스 암스트롱뿐만 아니라 거의 모든 시마노 사용자가 SPD-SL을 사용하게 되었다.

시마노 '바인딩 페달'의 변천

1989년 첫 클릿 페달 PD-7401
룩의 특허로 제조한 시마노의 첫 클릿 페달. 견고한 만듦새와 현대에도 통용될 만큼 세련된 디자인은 명불허전.

1993년
로드 클리어런스 36도를 자랑하는 PD-7410
MTB의 SPD 페달과 같은 클릿으로 페달을 작고 가볍게 만들어 36도라는 경이적인 로드 클리어런스를 실현했다. 그러나 밟는 면이 작아서 프로 선수들의 지지를 별로 받지 못했다.

1998년 SPD의 후계 모델, SPD-R 페달
'밟는 면을 더 크게' 해달라는 프로 선수들의 요구에서 탄생한 모델. 발군의 안정감을 자랑한다. 사진은 개량형인 PD-7701. 스프링이 각진 단면에서 둥근 단면이 되었고, 뒤 클로를 테플론 가공했다.

2003년 더욱 개량된 SPD-SL 페달
SPD-R은 많은 프로 선수의 호평을 받았지만, 마음에 들어 하지 않는 선수도 있었다. 그래서 개발된 것이 SPD-SL이다. 사진은 수지 플레이트가 확대된 PD-7800.

11

타임의 클릿 페달

룩보다 2년 늦은 1987년에 타임은 레이스 세계에 데뷔했다. 타임의 클릿 페달은 움직임이 무릎에 부담을 적게 주고 발바닥과 축 사이의 거리가 가까워서 직관적으로 페달링을 할 수 있었다. 이를 무기로 열렬한 지지자를 확보했다. 타임이 만들어낸 클릿 페달의 역사를 되돌아보자.

룩의 기술자가 독립해서 설립한 타임

1950년대에 프랑스의 기술자 장 베일은 획기적인 스키용 바인딩을 개발하고 '룩'이라는 이름의 회사를 설립해 직접 판매했다. 이 제품은 대히트를 기록했고, 룩은 순식간에 세계적인 브랜드로 성장했다.

1985년 룩은 자전거 세계에도 바인딩 시스템을 도입했다. 베일이 개발한 세계 최초의 클릿 페달 PP-65를 당시 슈퍼스타인 베르나르 이노에게 공급한 것이다. 당연히 이쪽도 대성공을 거뒀는데, 그 무렵 룩의 경영권을 쥐고 있었던 실업가 베르나르 타피(건강식품 제조사인 라비클레르의 사장, 프로 팀도 갖고 있었다.)의 강압적인 경영에 질린 베일은 결국 회사를 뛰쳐나왔다. 그리고 실업가 롤랑 카틴의 출자를 받아서 1986년에 타임을 설립했다.

참고로 베르나르 타피는 1989년에 룩을 매각해 큰 이익을 냈다. 1990년에

아디다스의 주식을 과반수 획득하는 한편 정계에
도 진출했고, 1992년에는 미테랑 내각에서 도시 담
당 장관의 자리까지 올랐다. 그러나 자신이 소유한
축구팀의 승부 조작 문제와 탈세 의혹으로 축구계
에서 추방되었으며, 1995년에 금고형을 받았다. 이
렇게 해서 지금은 스포츠계에서 그의 이름을 들을
수 없게 되었다.

1987년 남들보다 먼저 타임의
클릿 페달을 사용하기 시작한
로랑 피뇽(프랑스, 시스템U)

비단 자전거의 역사뿐만 아니라 역사를 이야기
할 때는 '아름다운 부분'만을 부각시키는 것이 보통
이다. 그러나 룩과 타임이라는 페달 분야의 양대 거
두가 탄생하는 과정에 타피라는 '범죄자'가 관여했
음을 알아둘 필요도 있을 것이다.

1987년 시스템U는 룩을 사용하
는 라비클레르에 대항해 당시 갓
완성된 타임 에퀴프 Mg를 채용했
다. 이 페달은 무릎에 부상을 안고
있었던 피뇽이 애용했다.

인간공학적인 에퀴프 Mg

베일이 개발한 새로운 클릿 페달 '에퀴프
Mg'(최초의 명칭은 50.1)은 세 가지 획기적인 특징
을 갖추고 있었다. 첫째는 고정했을 때의 발 움직임
이다. 룩의 페달은 고정 후에 발을 움직일 수 없었다. 그에 비해(당시 룩에는 고
정 클릿밖에 없었다.) 타임은 고정 후에도 발을 좌우로 움직일 수 있는 구조였
다. 그 덕분에 무릎에 가해지는 부담이 줄어들어서 특히 무릎 부상을 안고 있
는 선수들에게 열렬한 환영을 받았다.

여기에 자극을 받은 룩도 플로팅 기능을 갖춘 클릿(레드 클릿)을 추가했지
만, 이쪽은 발끝을 받침점으로 삼아서 움직이기 때문에 타임의 페달과는 사용
감이 상당히 달랐다. 처음부터 움직일 것을 전제로 만든 타임과 원래 움직일
수 없었던 것을 움직이게 만든 룩의 차이가 나타나는 부분이라고 할 수 있다.

타임 페달 구조의 역사

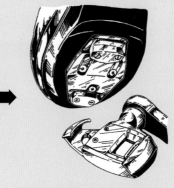

1987~1993년에 활약한 구형 에퀴프 Mg
룩의 페달은 발끝을 축으로 움직이는 구조였지만
타임의 페달은 발끝도 좌우로 움직인다. 그래서
무릎에 부담을 적게 준다. 이는 무릎 부상에 시
달리는 선수들에게는 축복과도 같았다. 본체에는
마그네슘을 채용했다. 설계는 원래 룩의 기술자
였던 장 베일이 담당했다.

1994~2001년에 활약한 신형 에퀴프 Mg
전체 모양이 날렵해지면서 코너를 돌 때 로드 클
리언스가 커지는 구형의 단점이 개선되었다. 클
릿의 형상은 기본적으로 구형과 차이가 없지만,
뒤 클로의 모양이 변경되어 슈즈를 안쪽으로 비
틀었을 때도 풀 수 있다.

2002~2004년에 활약한 임팩트 Mg
전체적으로 작아져서 무게도 많이 줄어든 모델이
다. 클릿도 새로 설계했지만 기본 콘셉트는 변함
이 없어서, 발을 좌우로 확실히 움직일 수 있도록
만들었다. 마그네슘 본체를 사용한 마지막 모델
이다.

2005년에 등장한 모델 RXS
본체를 카본 수지로 만들어 압도적인 경량화를
실현한 모델. 클릿은 임팩트와 비슷하지만 앞 클
로가 임팩트보다 깊어졌다. 물론 타임의 전통에
따라 무릎에 부담이 적도록 발을 좌우로 움직일
수 있게 설계했다.

두 번째 특징은 발바닥과 페달 축 사이의 거리가 가깝다는 점이다. 이 점 덕분에 더욱더 직접 힘을 전달할 수 있게 되었다. 인간공학적으로도 이런 개선 방향이 올바르다고 한다. 그래서인지 시마노조차 발바닥과 축의 거리를 최대한 가까이 만들려고 노력해왔다. 다만 여기에는 찬반양론이 있다. 발바닥과 축의 거리가 어느 정도 있어야 효율적인 페달링이 가능하다고 생각하는 프로 선수도 있었던 것이다.

획기적인 마그네슘의 채용

타임의 세 번째 특징은 페달의 본체에 마그네슘(Mg)을 채용한 점이다. 마그네슘은 알루미늄보다 가볍지만 부식에 약한 탓에 사용할 때 신중을 기해야 한다. 그런 민감한 소재를 페달이라는 가장 손상되기 쉬운 부품에 채용했다는 사실은 많은 사람을 놀라게 했다. 또한 "과연 마그네슘으로 페달을 만들어도 괜찮은 걸까?"라고 의문을 제기하는 목소리도 많았다.

그러나 마그네슘의 채용은 프로 선수들이 두 팔 들어 환영할 만한 일이었다. 가혹한 트레이닝과 극도로 절제된 식생활을 통해 체지방률 4~6퍼센트라는 놀라운 몸을 유지하는 프로 선수들에게 자전거는 1그램이라도 가벼운 편이 좋다. 특히 페달은 발과 함께 움직이는 부품이므로 가벼울수록 쾌적한 페달링이 가능하다. 극단적으로 말해 프로 선수에게 부품은 '한 경기만 버틸 수 있는 내구성'이면 충분하며, 그런 의미에서 마그네슘이라는 소재를 전혀 부정적으로 생각하지 않았던 것이다. 타임은 RXS 모델에 카본 수지를 채용했는데, 이것도 선수들의 요구를 최우선으로 생각한 결과다.

1991~1995년
타임의 페달로 투르 드 프랑스 5연패를 달성한
미겔 인두라인

인두라인은 장비 채용에 보수적인 선수여서, 셀레 이
탈리아 터보 계열의 새들만 사용한 것으로 유명하다.
페달도 1990년까지 클립식을 사용했지만, 1991년에
에퀴프 Mg를 사용해 투르 드 프랑스 5연패라는 쾌거
를 이루었다.

2004~2006년
임팩트를 계속 사용한 얀 울리히

울리히는 임팩트를 크게 선호했다. 2002년에 임팩트
를 사용한 뒤로 2006년에 은퇴할 때까지 임팩트를
계속 사용했다. 소속 팀인 T모바일의 스폰서가 시마노
였는데도 말이다.

RXS를 사용한 토마 보클러

2004년 투르 드 프랑스에서 마이요존느(Maillot
Jaune. 한 스테이지에서 1위로 통과한 선수에게 주는
노란색 저지)를 9일 동안이나 입어 일약 프랑스의 영
웅이 된 보클러는 타임 페달의 애용자였다. RXS의 티
타늄 샤프트 모델을 사용하기도 했다.

선투어 타임 페달

시마노가 룩과 제휴하자 선투어는 1992년에 타임에
서 만든 페달을 자사의 컴포넌트에 도입했다. 그러나
고급 컴포넌트 슈퍼브 프로의 생산 중지로 발매 기간
은 2년밖에 되지 않았다.

아는 사람은 아는 MID 시리즈

지금은 생산이 중지됐지만, 에퀴프 Mg 시리즈와 병
행해 MID라는 페달이 판매된 적이 있다. 클릿을 수지
로 만들었으며 룩과 비슷한 사용감이 특징이었다. 그
러나 이 페달을 좋아하는 선수는 거의 없었다. 크리스
보드만(영국, Gan)이 유일한 애용자였는데, 그는 이
페달로 아워레코드를 수립했다.

12

룩의 클릿 페달

로드바이크 진화사에서 특히 주목할 만한 혁신적인 제품이 있다. 프랑스의 스키 바인딩 제조사 룩이 개발한 클릿 페달이다. 불과 수년 사이에 전통적인 클립식 페달을 레이스계에서 몰아낸 획기적이면서도 강렬한 제품이다.

너무나도 시대를 앞섰던 치넬리 M-71의 등장

현재 로드바이크에서 당연하다는 듯이 사용되고 있는 클릿 페달(클립리스 페달, 바인딩 페달)의 역사는 사실 약 45년 정도에 불과하다. 게다가 상업적으로 성공한 제품은 1985년에 발매된 룩의 PP-65가 최초였으므로 일반적인 제품의 역사는 30년이 조금 넘은 셈이다. 그런 클릿 페달의 짧은 역사를 살펴보자.

클릿 페달의 기원을 거슬러 올라가면 1973년에 이탈리아의 치넬리가 발표한 'M-71'에 다다르게 된다. 지금은 콜럼버스 산하에 있지만 당시 치넬리는 아직 독자적으로 프레임과 핸들 바를 개발하고 제조하는 회사였으며, 특히 핸들 바와 스템 분야에서는 획기적인 제품을 잇달아 내놓고 있었다. 또한 프레임 분야에서는 다른 회사보다 앞서 공기 역학을 도입하는 등 상당히 적극적인 제조사였다.

그런 혁신적인 제조사인 치넬리에서 토 클립 앤드 스트랩이 필요 없는 페달인 M-71을 발표하자 상당한 화제를 불러 모았다. 그러나 이 페달에 조합된 치넬리의 슈즈는(정확히 말하면 당시의 모든 슈즈는) 구멍이 숭숭 뚫려 있고, 신발 끈으로 묶는 전통적인 형식의 가죽 제품이었기 때문에 갑피 부분이 서서히 늘어나는 치명적인 결점이 있었다.

물론 전용 슈즈 따위는 존재하지 않았고, 클릿의 장착도 매우 번거로웠다. 결국 M-71은 높은 평가를 받지 못한 채 몇 년 뒤 모습을 감추고 말았다. 만약 당시에 클릿을 장착하는 일이 간단했고, 늘어나지 않는 소재로 갑피를 만든 슈즈가 있었다면 치넬리 M-71의 운명은 상당히 다른 방향으로 진행되지 않았을까?

10년 동안의 암흑시대

물론 각국의 개발자들이 M-71에 주목하지 않았을 리가 없다. 이 제품에서 영감을 얻은 마빅의 사장 브루노 고망은 1974년에 클립리스 페달 특허를 취득했다. 이어서 1975년에는 제임스 로터바크, 1981년에는 프랑스의 발명가 장 프랑수아 드루종, 같은 해에 독일의 휴버트 쿠에퍼, 1983년에는 키윈 페달의 창업자인 뉴질랜드의 존 윙키 등 많은 개발자가 독자적인 클릿 페달 시스템으로 특허를 취득했다. 그러나 키윈 이외에는 상업적으로 성공하지 못했다.

클릿 페달이 부활한 때는 M-71이 발표된 지 10년이 지난 1983년이었다. 스키용 바인딩 제조사인 룩사에서 스키용 바인딩의 노하우를 살려서 획기적인 클릿 페달을 개발하고, 특허 취득에도 성공한 것이다. 이렇게 해서 클릿 페달은 마침내 10년에 걸친 암흑시대에서 탈출할 수 있었다.

클릿 페달 구조의 역사

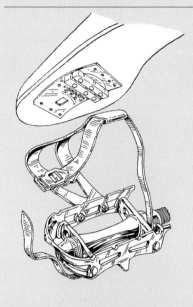

클립식 페달
신발 바닥에 부착된 슈 플레이트로 페달의 테두리를 붙잡고, 토 클립과 스트랩으로 슈즈를 고정하는 원시적인 방법. 확실하게 고정되기는 한다.

클릿 페달의 원조
치넬리가 1973년에 발표한 M-71은 현대적인 클릿 페달의 원형이 된 획기적인 제품이었다. 하지만 당시 여러 이유로 성공하지는 못했다.

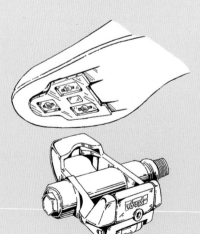

룩의 첫 클릿 페달
프랑스의 자전거 부품 제조사 룩은 1983년에 클릿 페달 특허를 취득했다. 1985년에는 당시 최고의 선수였던 베르나르 이노가 룩과 스폰서 계약을 맺고 더블 투르를 달성했다.

획기적이었던 PP-65의 데뷔

룩사가 성공한 데는 효과적인 프로모션도 한몫했다. 당시 슈퍼스타인 베르나르 이노와 독점 계약을 맺고, 1985년 초엽부터 모든 레이스에서 룩사의 클릿 페달 'PP-65'를 사용케 한 것이다. 베르나르 이노가 착용한 슈즈도 좋았다. 프랑스의 패트릭에서 만든 제품으로 당시 유행했던 벨크로 스트랩 슈즈였는데, 이런 제품은 갑피가 늘어날 염려가 없었다.

베르나르 이노는 이 페달과 슈즈를 사용해 1985년 지로 디탈리아와 투르 드 프랑스를 제패하는 데 성공했다. 게다가 이듬해인 1986년에는 미국의 영웅 그렉 르몽드도 룩사의 클릿 페달을 사용해 투르 드 프랑스에서 첫 우승을 차지했다. 이 일은 미국에 바이크 열풍을 일으켰다. 두 슈퍼스타의 활약으로 룩이 만든 클릿 페달은 순식간에 상업적 성공을 거뒀다. 일반 사이클리스트들까지도 앞 다투어 룩의 클릿 패달을 구입할 정도였다. 이렇게 해서 룩은 불과 수 년 만에 업계에서 흔들리지 않는 지위를 구축하는 데 성공했다.

그 후 수많은 제조사가 클릿 페달이라는 새로운 분야에 뛰어들었다. 일본에서도 지금은 사라진 사카에가 '샘슨' 페달을, 전통의 미카시마 페달이 '맵스테이지'라는 클릿 페달을 개발했지만 성공하지 못하고 조용히 모습을 감췄다. 물론 에디 메르크스

룩은 원래 스키용 바인딩(잠금장치) 제조사다. 사진은 'ZR'이라는 경기용 모델로 1980년대에 쓰인 것이다. 페달과 공통점이 보여 흥미롭다.

룩의 융성기를 이끈
베르나르 이노

베르나르 이노는 1985년에 PP-65를 사용해 투르 드 프랑스와 지로 디탈리아에서 우승하는 '더블 투르'를 달성했고, 덕분에 룩의 인기는 확고부동해졌다.

룩이 만든 클릿 페달의 대표작

1985년 PP-65
베르나르 이노가 더블 투르를 달성할 때 사용한 모델.
지금 보면 어딘가 투박한 디자인이지만, 당시 인기가
높아서 입고 즉시 매진되는 상태가 계속되었다.

1986년 PP-75
그렉 르몽드가 투르 드 프랑스에서 처음 우승했을 때
사용한 모델. PP-65와 비교하면 상당히 세련된 디자
인이지만, 축이 밖으로 튀어나온 것은 그대로다.

1990년 PP-96
측면에 길게 튀어나왔던 축이 짧아져서 PP-65와
PP-75의 약점(코너링을 할 때 로드 클리어런스가 작
다는 문제)이 해소되었다.

1998년 PP-296
다이얼을 사용해 좌우로 움직이는 정도를 조절할 수
있게 되었다. 이 덕분에 무릎에 주는 부담이 줄어들
었다.

2003년 CX-6
본체를 알루미늄에서 수지로 바꿔 압도적인 경량화를
실현한 모델. 여기에 티타늄 샤프트 모델도 추가되어
'무겁다'는 약점을 극복했다.

2005년 KEO TI
중량이 190그램(한 쌍)으로 매우 가볍다. 1985년 이
래 호환성을 유지해오던 클릿과 결별하고 새로운
KEO 클릿을 채용했다.

가 개발한 '포디오'처럼 끈질긴 생명력을 자랑하는 제품도 있었다.

현재 왕성하게 활약하고 있는 클릿 페달 제조사로는 장 베일이 세운 프랑스의 타임과 이탈리아의 캄파놀로, 미국의 스피드플레이, 일본의 시마노 정도다. 어떤 분야든 흥망성쇠의 역사가 있기 마련인데, 작은 자전거 부품 하나에도 이와 같이 흥미로운 역사가 깃들어 있음을 새삼 깨닫게 된다.

카본 프레임도 룩의 또 다른 얼굴
유명한 사실이지만, 룩은 양산 카본 프레임으로 대성공을 거둔 첫 번째 제조사이기도 하다. 사진은 트랙용 모델인 '496 트랙'으로 일본 국가대표팀 버전이다.

1870년대의 영국제 페니
파싱. 1페니 주화와 1파싱
(1/4페니) 주화의 크기 차
이에서 유래한 명칭이다.

'ordinary'는 영국에서 사용하지 않는 명칭

19세기 후반에 만들어진 자전거를 'ordinary'(오디너리) 자전거라고 부른다. 앞바퀴가 매우 큰 형태라서 현대인의 눈으로 보면 범상치 않은 모양인데도 ordinary, 즉 평범한 자전거라고 부르니 이상하게 여길 만도 하다. 큰 앞바퀴를 단 자전거는 체인으로 구동되는 세이프티(safety. 안전) 자전거가 등장했을 무렵에 평범하고 대중적인 자전거를 지칭했다. 따라서 오디너리라는 이름이 붙은 것이다. 이 자전거가 탄생한 영국에서는 현재 이 명칭이 사용되지 않는다. 1900년대 이후에는 앞뒤 바퀴의 지름이 같은 자전거가 일반적인 의미의 자전거를 지칭했으므로, 앞바퀴가 큰 자전거가 오디너리로 남을 수는 없는 것이다.

영국에서는 '페니파싱'(penny parsing), 프랑스에서는 '그랑비'(grand-bi)가 일반적인 명칭이다. 그랑비란 Grand Bicyclette(커다란 자전거)라는 말을 줄인 단어다. 미국에서는 '빅 휠 바이크'(big wheel bike)라고 부르기도 한다. 명칭에서도 그 나라의 성격이 드러나는 것 같아 흥미롭다.

CHAPTER 3

비구동계 부품의
진화

이 장에서는 핸들 바와 스템, 새들, 물통 케이지 같은 드라이브 트레인 이외의 부품을 소개하고 그 역사를 되돌아보려 한다. 레이스가 변화하면서 그에 맞춰 각 부품 또한 변화해왔음을 알 수 있을 것이다.

01

드롭 바의 형상

로드바이크 드롭 바의 종류는 크게 세 가지다. 완성차에 장착된 핸들 중 대다수를 차지하는 '콤팩트'와 '아나토믹'과 '클래식'이 있다. 각 특성을 이해하고 자신에게 맞는 것을 선택하면 된다.

획기적이었던 치넬리의 라인업

스템 항목에서도 등장하지만, 핸들 바 제조사를 대표하는 이탈리아 밀라노의 치넬리는 1960년대에 알루미늄 핸들 바를 만들면서 세 가지 대표적인 형상을 준비했다. 얕게 휘어진 'No.64 지로 디탈리아'와 처진 어깨 형상의 'No.65 크리테리움', 깊게 휘어진 'No.66 캄피오네 델 몬도'가 그것이다.(깊게 휘어진 형상으로는 'No.63 캄피오네 델 몬도'도 있었는데, 이쪽은 조금 작았다.) 이것은 당시 매우 획기적인 시도였다. 그전에는 각 제조사마다 대체적으로 한 종류의 형상만을 만들었기 때문에 선수들은 '얕게 휘어진 것이 좋으면 암브로지오' '깊게 휘어진 것이 좋으면 피암메' '처진 어깨 형상이 좋으면 AVA' 같은 식으로 핸들 바를 선택하는 수밖에 없었다. 그런데 한 회사가 다양한 형상을 준비하자 선수들이 포지션을 바꿀 때 매우 편리해진 것이다. 게다가 1/A라는 스

치넬리를 사랑한 1960~1970년대 라이더

펠리체 지몬디

1965년 투르 드 프랑스, 1967년과 1969년, 1976년 지로 디탈리아, 1968년 부엘타 아 에스파냐, 1973년 세계 선수권, 1966년 파리-루베, 1974년 밀라노-산레모 등을 제패한 이탈리아의 명선수. 메르크스와 같은 시대에 뛰지만 않았더라도 우승을 배는 더 했을 것이다. 치넬리의 핸들 바 '크리테리움'을 애용한 것으로 유명하다.

에디 메르크스

벨기에가 낳은 사상 최강의 자전거 선수. 투르 드 프랑스 5회 우승, 지로 디탈리아 5회 우승, 부엘타 아 에스파냐 1회 우승, 세계 선수권 3회 우승(아마추어 시절을 포함하면 4회)을 비롯해 프로 통산 425승을 기록했다. 1978년에 은퇴할 때까지 줄곧 치넬리의 핸들 바 '캄피오네 델 몬도'를 사용했다.

템은 5밀리미터 단위로 길이를 조절할 수 있었다.

이 핸들을 제일 먼저 환영한 선수가 바로 에디 메르크스였다. 그는 No.66 캄피오네 델 몬도를 매우 마음에 들어 해서, 1978년에 은퇴할 때까지 다른 핸들 바에 눈길 한 번 주지 않고 줄곧 사용했다. 또한 동시대에 활약한 펠리체 지몬디는 처진 어깨 형상의 No.65 크리테리움을 애용했다. 여담이지만, 지몬디는 180센티미터가 넘는 장신이었음에도 심에서 심까지의 폭이 38센티미터밖에 안 되는 좁은 바를 사용한 것으로 유명했다.

드롭 바 구조의 역사

클래식 벤드(바)

전통적인 바로 둥글게 휘어졌다. 당연하지만 아나토믹이 등장하기 이전에는 이 유형밖에 없었다. 모양은 크게 나눠서 '얕게 휘어진 형상' '깊게 휘어진 형상' '처진 어깨 형상' 이렇게 세 종류가 있다. 과거에는 치넬리의 'No.64 지로 디탈리아'가 얕게 휘어진 형상으로, 'No.66 캄피오네 델 몬도'가 깊게 휘어진 형상으로, 'No.65 크리테리움'이 처진 어깨 형상으로 인기를 모았다.

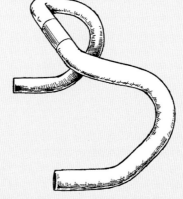

아나토믹

원래 이탈리아의 모돌로가 1980년대에 만들어서 특허를 취득했던 형상이다. 1990년대 초엽에 치넬리가 '유비오스'라는 아나토믹 모델을 만들었는데, 당시 인기 선수였던 클라우디오 치아푸치가 사용하면서 크게 유행했다.

콤팩트(아나토믹 섈로)

'아나토믹'과 클래식 벤드의 '섈로'를 합쳐서 둘로 나눈 것 같은 형상이다. 하부 핸들을 잡았을 때 팔의 각도가 아나토믹처럼 고정되지 않으면서 섈로보다 그립감이 좋아서 인기가 좋다.

130

회사마다 다른 핸들 형상 표시

치넬리가 획기적인 라인업으로 성공을 거두자 토리노의 TTT(Tecnologia del Tubo Torino)도 역시 세 가지 형상의 핸들 바를 만들었다. 재미있는 점은 그 명칭인데, 깊게 휘어진 형상은 '메르크스', 처진 어깨 형상은 '지몬디'였다. 해당 핸들 바를 사용하는 대표 선수의 이름을 붙인 것이다. 얕게 휘어진 형상은 치넬리에 대항해 'TDF'(투르 드 프랑스의 약자)라고 이름 지었다.

조금 이야기가 샛길로 빠지는데, 치넬리와 TTT는 서로 경쟁의식이 강했다. 물론 치넬리가 밀라노, TTT가 토리노라는 이탈리아를 대표하는 공업 도시에 있었기 때문이다. 축구로 치면 '인테르와 유벤투스'의 관계와 같다. 참고로 치넬리와 TTT 모두 훗날 콜럼버스를 총괄하는 그루포사에 흡수되었고, TTT의 브랜드 표기는 '3T'가 되었다.

이제 다시 본론으로 돌아가자. 1990년대 이후 등장한 ITM도 핸들 바의 형상을 여러 종류 구비하고 얕게 휘어진 형상을 '스트라다', 깊게 휘어진 형상을 '파베', 처진 어깨 형상을 '피스타'라고 불렀다. DEDA는 좀 더 직설적인 이름을 붙였는데, 얕게 휘어진 형상에는 '샐로(shallow)', 깊게 휘어진 형상은 '딥'이라고 불렀다. 한편 '리치'나 시마노의 별도 브랜드인 PRO는 클래식 벤드의 경우 얕게 휘어진 형상뿐이며, 그 이름도 '클래식'과 '라운드'다.

각 제조사가 핸들 바를 구분하는 이름

핸들 바 제조사는 저마다 센스 있는 명칭을 붙여 자사의 제품을 구분하고 있다.

3T
얕게 휘어진 형상은 'TDF', 깊게 휘어진 형상은 '메르크스', 처진 어깨는 '지몬디', 아나토믹은 '아나토미카'로 표시한다. 중앙부에 명칭이 각인되어 있다.

ITM
얕게 휘어진 형상은 '스트라다', 깊게 휘어진 형상은 '파베', 처진 어깨는 '피스타', 아나토믹은 '아나토미카'로 표시한다. 명칭이 중앙부에 각인으로 표시되어 있다.

DEDA
얕게 휘어진 형상은 '샐로', 깊게 휘어진 형상은 '딥', 아나토믹은 '아나토믹'이어서 알기 쉽다. 완전 트랙용인 '피스타'에는 처진 어깨 형상의 핸들 바도 있다.

131

강한 선수는 '깊게 휘어진 형상'을 좋아한다?

제조사의 라인업에서 '깊게 휘어진 형상'과 '처진 어깨'가 사라지고 있다. 아나토믹이 등장한 뒤로 팔리지 않게 된 것이 가장 큰 이유이지만, 의외로 프로 선수 중에는 깊게 휘어진 형상이나 처진 어깨를 애용하는 사람이 많았다. 로랑 잘라베르나 질베르토 시모니는 DEDA의 딥을 이따금 사용했으며, 이마나카 다이스케도 폴티 시절에는 ITM의 파베를 애용했다. 1980~1990년대

치넬리의 기본 핸들 바

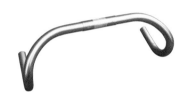

1960년대 치넬리 No.65 크리테리움
이 핸들 바의 가장 큰 특징은 위에서 봤을 때 어깨 부분이 곧게 뻗어 있지 않다는 것이다. 이 때문에 '처진 어깨'라고 부른다. 리치와 드롭은 '깊게 휘어진 형상'에 가깝다. 트랙용 핸들 바는 지금도 이 유형이 쓰이지만 로드바이크 쪽에서는 찾아보기 어렵다.

1960년대 치넬리 No.64 지로 디탈리아
'깊게 휘어진 형상'에 비해 리치와 드롭 모두 작다. 현재 '클래식'이라고 하면 이 유형을 가리킬 때가 많다. 1990년대에는 경량형인 '톱 에르고 64'라는 제품도 있었다.

1992년 치넬리 유비오스
치넬리가 1990년대에 만든 제품으로 아나토믹 드롭 바의 원조 같은 존재. 하부 핸들 부분이 직선 형태여서 손바닥의 그립감이 좋다. 그러나 이 각도가 취향에 맞지 않으면 오히려 스트레스가 쌓이는 원인이 되기도 한다.

1990년대 치넬리 TOP ERGO 66
'얕게 휘어진 형상'에 비해 리치와 드롭 모두 큰 유형. 최근에는 거의 볼 수 없다. 'No.66 캄피오네 델 몬도'가 대표 모델이지만, 사진은 1990년대에 만들어진 경량형 '톱 에르고 66'이다.

핸들 바의 변천

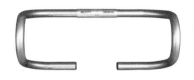

드롭인 바, 1990년, 스콧 드롭인
그렉 르몽드가 1990년 투르 드 프랑스에서 우승했을
때 사용해 유명해졌다. 끝 부분을 잡으면 공기 저항이
적은 자세를 취할 수 있지만, 여기에 다리가 부딪히기
쉽다는 결점도 있다. 잠시 화제가 되었지만 곧 사라졌다.

아나토믹 샐로, 2005년, 본트래거 레이스라이트
아나토믹과 클래식 벤드의 중간 형태. 본트래거에
서는 이것을 'VR'이라고 부른다. VR은 'Variable
Radius'의 약자다.

에 클래식을 휩쓸었던 숀 켈리는 처진 어깨 형상의 바를 애용했는데, 계약 회
사가 바뀌었음에도 No.65 크리테리움을 계속 사용할 정도였다. 프랑스를 대
표하는 스프린터였던 프레데릭 몬카산이나 투르 드 프랑스에서 마이요존느를
입기도 했던 프랑수아 시몽도 크리테리움 애용자였다. 또한 아브라함 올라노
나 오스카 프레이레는 ITM의 피스타를 사용하기도 했다.

1990년대 이후는 아나토믹의 시대다. 아나토믹은 원래 이탈리아의 모돌로
가 특허를 보유하고 있었는데, 1990년대에 치넬리가 '유비오스'라는 핸들 바
를 내놓자 단숨에 대히트를 기록했다. 그 후 모든 제조사가 아나토믹을 주력
상품으로 판매하게 되었고, 당연히 완성차에도 아나토믹을 장착하게 되었다.

최근에는 아나토믹과 샐로의 중간 형태를 띤 드롭 바가 인기를 모으고 있다.
FSA와 PRO가 '콤팩트'라는 이름으로 같은 형상의 핸들 바를 내놓았고, 현재
많은 완성차에는 이런 드롭 바가 장착되어 있다.

02

핸들 스템

로드바이크를 포지셔닝할 때 핸들 스템의 역할은 매우 크다. 그런 중요한 부품인 스템은 약 20여 년 전에 스레드에서 어헤드로 극적인 변화를 겪었다. 여기에서는 스템의 변화에 초점을 맞추어 살펴볼까 한다.

획기적이었던 치넬리의 1/A 스템

프레임이나 핸들 바 앤드 스템을 제조하는 곳으로 유명한 '치넬리'는 치노 치넬리가 1945년에 설립한 회사다. 선수로 뛰었던 치넬리는 제2차 세계 대전 전에 밀라노−산레모와 지로 디 롬바르디아에서 우승할 정도의 강자였지만, 자전거 선수로 활동해서는 패전국 이탈리아를 부흥시키기에 한계가 있음을 느끼고 사업가로 변모했다.

치노 치넬리는 선수 출신답게 아이디어가 넘치는 제품을 많이 만들어냈다. 프레임의 명작 '슈퍼 코르사'는 치넬리가 콜럼버스에 튜브를 주문해서 완성한 것으로, 1964년 도쿄 올림픽에 참가한 수많은 선수가 이 바이크를 탔다. 명선수 알프레도 빈다의 이름을 딴 '토 스트랩'이나 플라스틱 기반의 새들, 클릿 페달의 원조인 M−71을 만들어낸 것도 치넬리다.

치넬리의 제품 중에서도 가장 좋은 성적을 거둔 것이 핸들 바 앤드 스템이다. 다른 회사보다 먼저 적극적으로 핸들 바에 알루미늄을 채용했고, 깊게 휘어진 형상인 No.63과 No.66 캄피오네 델 몬도, 얕게 휘어진 No.64 지로 디탈리아, 처진 어깨인 No.65 크리테리움을 준비해 선수들의 취향을 만족시켰다. 그리고 1/A라고 이름 지은 알루미늄제 스템은 5밀리미터 단위로 길이를 조절할 수 있게 해서 선수들의 완벽한 포지셔닝을 지원했다.

1/A라는 스템은 매우 획기적인 제품이었다. 그 전까지 자전거에는 거의 사용되지 않았던 알렌키(육각 렌치)를 '달아 올림 볼트'와 클램프 볼트에 채용했고, 이 덕분에 육각 볼트를 사용한 기존 제품보다 깔끔한 외관을 만드는 데 성공한 것이다. 물론 볼트뿐만 아니라 스템 자체의 디자인도 훌륭해서, 1/A은 발표 후 60년에 가까운 시간이 지난 지금도 전혀 촌스러워 보이지 않는다. 그야말로 '이탈리안 디자인의 극치'라고 할 수 있다.

치넬리 제품의 인기를 더욱 부채질한 주역은 사상 최강의 선수인 에디 메르크스였다. 그는 현역 시절에 줄곧 치넬리의 핸들 바인 No.66 캄피오네 델 몬도를 사용했으며, 스템도 1/A 아니면 1/R을 사용했다. 지금도 유명 선수가 사용하는 프레임이나 부품은 인기가 폭등하는데, 메르크스는 그야말로 나는 새도 떨어뜨릴 정도의 기세를 자랑하는 선수

획기적인 스템을 만들어낸 이탈리아의 치노 치넬리

치넬리의 설립자인 치노 치넬리는 밀라노-산레모와 지로 디 롬바르디아에서 우승한 선수였다. 회사를 세운 뒤 선수 시절의 경험을 살려서 1/A 스템처럼 놀라운 제품을 다수 만들었다.

메르크스의 활약으로 엄청난 인기를 구가한 치넬리

사상 최강의 선수 에디 메르크스는 치넬리를 사랑한 것으로도 유명하다. 현역 시절에 줄곧 치넬리의 No.66 핸들 바를 사용했으며, 스템은 1/A 아니면 사진에 보이는 1/R을 사용했다. 그 덕분에 치넬리의 인기는 단숨에 높아졌다.

스템 구조의 역사

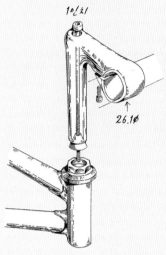

1인치

26.1∅

스레드식

전통적인 스레드식 헤드 파츠를 사용한 프레임에 대응하는
스템. 약 20년 전까지만 해도 이 유형이 일반적이었지만 어
헤드식 스템에 자리를 내주고 말았다. 물론 이렇게 된 가장
큰 이유는 포크의 카본화 때문이다. 포크의 스티어러 튜브를
알루미늄이나 카본으로 만들면서 나사산을 팔 수가 없었다.

1인치

26.0∅

스레드식(풀 오픈)

핸들 바를 고정하는 부분이 열리는 스템. 이 덕분에 핸들 바
의 교환이 용이해졌다. 현대 스템은 거의 전부가 오픈 구조로
되어 있지만, 과거에는 이쪽이 오히려 비주류였다. 구조적인
측면에서 보면 그렇게 대단한 것은 아니지만 나름 아이디어
가 넘치는 제품이어서 소개한다.

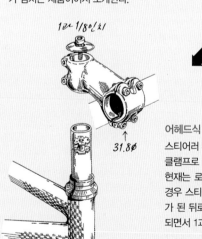

1과 1/8인치

31.8∅

어헤드식

스티어러 튜브에 나사산을 파지 않고 위로 길이를 늘인 다음
클램프로 고정한 스템. 원래 MTB에서 실용화했던 것인데,
현재는 로드바이크도 대부분 이 유형이다. 스레드식 스템의
경우 스티어러 튜브의 지름이 1인치였지만, 어헤드식의 시대
가 된 뒤로는 스티어러 튜브의 소재가 알루미늄 혹은 카본이
되면서 1과 1/8인치가 주류가 되었다.

였으니 당시 치넬리의 인기가 대단했을 것이라고 쉽게 상상할 수 있다.

스레드식 스템이라는 말은 최근에 탄생했다

치넬리의 1/A와 같은 전통적인 스템을 '스레드식 스템'이라고 부르
는데, 사실 옛날에는 이런 말이 없었다. '스레드'는 나사산을 의미하며, 이것은
포크의 스티어러 튜브에 파인 나사산을 가리킨다. 전통적인 헤드 파츠를 사용
할 경우 포크의 스티어러 튜브 상부에 나사산을 파야 한다. 그러나 어헤드식에
서는 이 나사산이 필요가 없다. 어헤드와 차별화하기 위해 전통적인 헤드 파츠
와 스템을 '스레드식'이라고 부르게 된 것이다. 이에 대응하는 의미에서 어헤
드를 '스레드리스'라고 부르기도 한다. 옛날에는 스레드식이 당연했으므로 '스
레드식'이라는 말도 존재하지 않았다. 요컨대 스템이라고 하면 곧 스레드식 스
템을 의미했다.

그런데 현재 주류가 된 어헤드식 스템은 원래 MTB의 세계에서 탄생한 것
이다. 로드바이크보다 높은 강도가 필요한 MTB에서는 1990년대 초반부터
1과 1/8인치의 오버사이즈 스티어러 튜브가 일반적이었다. 처음에는 스틸로

1980년대 이후 스템의 변천

1980년대 오픈 스템의 대표, 치넬리 오이스터
전통적인 알루미늄 스레드식 스템이지만, 클램프 부
분을 열 수 있어서 핸들 바를 교환하는 일이 쉽다. 치
넬리의 제품답게 디자인이 세련되다. 마리오 치폴리
니가 애용한 제품으로도 유명하다.

1990년대 크로몰리 용접 스템, ITM 이클립스
'철은 알루미늄보다 무겁다'는 상식을 뒤엎은 획기적
인 제품이다. 크로몰리 튜브를 용접해서 돌출부가 중
공 구조다. 이 때문에 알루미늄 스템보다 가벼워졌다.
1990년대에는 마페이 등 많은 팀이 사용했다.

1990년대 티타늄 용접 스템, 치넬리 그람모
가공이 어려운 티타늄 판을 굽혀서 중공 구조의 티타
늄 바로 용접해 만든 스템. 당시는 매우 고가여서 로
드바이크 애호가들 사이에서 동경의 대상이었다. 산
악왕 클라우디오 치아푸치나 마르코 판타니가 애용한
것으로 유명하다.

1990년대 그람모의 어헤드 버전,
치넬리 그람모 어헤드
스레드식이었던 그람모를 단순히 어헤드식으로 만든
제품이다. 로드바이크에 어헤드를 도입했지만 이를
지원하는 스템이 거의 없었던 까닭에 탄생한 '과도기'
적 제품이다. 온세와 크레디아그리콜의 사이클 팀에
서 사용했다.

1990년대 알루미늄 용접의 어헤드 스템,
ITM 빅원
어헤드에 최적화한 소재와 구조를 모색하던 제조사
ITM은 일단 알루미늄 용접 스템이라는 형태를 찾아
냈다. 돌출부의 속이 비어 있어 가벼웠고, 가격도 저
렴했다. 마르코 판타니가 1998년 투르 드 프랑스에서
우승했을 때 사용한 것으로 유명하다.

2000년대 알루미늄 CNC 가공의 스템,
ITM 밀레니엄
7075 알루미늄은 강도가 높지만 용접에 적합하지 않
다는 단점이 있다. 그래서 ITM은 과감하게도 7075
알루미늄 주괴를 CNC 가공해서 스템을 만들어버렸
다. 고도로 발달한 현대 기술 덕분에 만들 수 있었던
스템이다.

만든 스티어러 튜브가 일반적이었지만, 경량화를 위해 알루미늄으로 만든 스티어러 튜브가 필요해지자 그 두께 때문에 기존의 스레드식 스템을 사용할 수 없게 되었다. 그래서 어헤드식 스템이 고안된 것이다.

어헤드 스템은 사실 19세기부터 있었다

사실 어헤드식이라는 아이디어 자체는 새로운 것이 아니다. 19세기 말부터 20세기 초엽에 걸쳐 영국에서 자전거가 발달할 때 이미 아이디어의 원형은 나온 상태였다. 어떤 제품이든 여명기에는 다양한 시행착오를 하기 마련인데, 그 과정에서 사라졌던 수많은 방법론이 훗날 빛을 보게 되는 사례는 자전거뿐만 아니라 여러 분야에서 종종 일어난다.

어헤드식 스템은 1990년대 후반에 대히트한 카본 포크와도 상성이 좋았다. 스티어러 튜브가 강철인 경우는 나사산을 파서 스레드식 스템을 사용할 수도 있었지만, 튜브의 소재가 알루미늄 또는 카본이 되자 안지름의 문제로 어헤드식 스템이 필수 조건이 된 것이다.

1900년대 초반에 근대 로드바이크가 탄생한 이래 약 90년 동안 군림했던 스레드식 스템은 불과 몇 년 만에 어헤드식 스템에 그 자리를 넘겨주고 말았다. 자전거 애호가에게는 '프랑스 혁명'과도 맞먹을 정도의 과격한 변화였다고 할 수 있을지 모른다.

03

헤드 튜브의 형상과 헤드 파츠

로드바이크의 헤드 튜브와 헤드 파츠도 2000년대에 들어 크게
변화했다. 노멀 헤드에서 인티그레이티드 헤드가 주류가 되었고,
스티어러 튜브도 1인치에서 1과 1/8인치로 굵어졌다. 이탈리아의
대표적인 바이크 브랜드인 '콜나고'의 제품을 살펴보면서 이러한
변화를 정리해보자.

옛날부터 있었던 '어헤드'와 '인티그레이티드'

1900년대 초엽 근대 로드바이크가 탄생한 이래 헤드는 스레드식(1인
치)이 기본이었다. 즉 스레드식 헤드는 약 100년 동안 로드바이크의 표준으로
군림해왔다. 그러나 1990년대 말엽부터 나타난 어헤드, 인티그레이티드 헤드
의 인기는 순식간에 로드바이크 세계 전체를 휩쓸었고, 1인치 노멀 헤드를 과
거의 유물로 만들어버렸다.

그런데 어헤드와 인티그레이티드 헤드도 1990년대에 탄생한 것이 아니다.
영국에서 자전거의 형태를 놓고 수많은 시행착오가 거듭되던 1900년대 초엽
에 이미 탄생한 것들이다. 다만 당시 어헤드는 '핸들 스템의 상하 조절이 불편
하다'는 이유로 도태되고 말았다. 인티그레이티드 헤드도 1950년대에 이탈리
아의 비앙키가 프로 선수인 파우스트 코피를 위해 만든 바이크에 채용한 적이

있다. 안타깝게도 주류가 되지 못하고 사장되었지만 말이다.

콜나고 바이크로 정리한 헤드 형식의 변천사

1993년 콜나고가 창립 40주년을 기념해 발표한 카본 바이크 'C40'은 수많은 레이스에서 우승한 희대의 결작이다. 당시에는 아직 MTB에도 1인치 헤드가 표준이었던 시대였으므로 당연히 로드바이크는 전부 1인치 헤드였다. 물론 C40도 콜나고가 자랑하는 1인치 스티어러 튜브의 크로몰리 스트레이트 포크 '프레치사'를 표준으로 장비했다.

1990년대 후반에 들어서자 카본 부품의 명가로 알려진 룩과 타임이 잇달아 카본 포크를 내놓았고, 자연스레 로드바이크 포크는 카본이 표준이 되어갔다. 그러나 콜나고는 여전히 크로몰리 포크로 승부했다. 1998년 에르네스토 콜나고와 인터뷰한 내용을 들여다보면, 그는 "카본 포크는 전혀 쓸 게 못 됩니다. 포크는 크로몰리가 최고이지요."라고 단언했다.

남들보다 먼저 프레임에 카본을 도입하던 콜나고에게 이렇게 보수적인 측면도 있다는 점은 참으로 흥미롭다. 다만 그들의 일관된 철학은 '레이스에서 승리할 수 있는 바이크를 만든다'는 것이다. 이 점을 생각하면 당시의 카본 포크가 아직 에르네스토 콜나고의 마음에 들지 않았던 듯하다.

1999년 콜나고는 마침내 '스타 카본' 포크를 내놓는다. 이 포크는 스티어러 튜브까지 카본으로 만들었기 때문에 헤드는 당연히 어헤드식이어야 했다. 이 일을 계기로 콜나고는 어헤드를 본격적으로 채용했다.

스타 카본은 매우 꼼꼼하게 만들어진 포크였다. 필자는 실제로 콜나고 본사에서 단면 샘플을 본 적이 있는데, 카본이 매우 고밀도였고 스티어러 튜브도 타사의 제품보다 단면이 훨씬 두꺼웠다. 재미있는 점은 스티어러 튜브를 1인치로 만든 것이었다. 왜 오버사이즈로 만들지 않았는지 에르네스토 콜나고에게 물어보자 그는 "로드바이크에 오버사이즈 튜브를 사용하는 것은 레이싱 카

헤드 튜브 구조의 역사

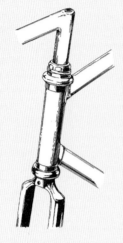

1990년대 초반까지 주류였던 스레드식 1인치 헤드

1900년대 초엽에 체인 구동, 드롭 핸들, 캘리퍼 브레이크를 장비한 현대적인 로드바이크가 탄생했을 무렵부터 포크의 스티어러 튜브는 1인치 전후의 지름이 일반적이었고 헤드 파츠는 당연히 '스레드식'이 었다. 이런 방식은 1990년대 초반까지 주류로 자리매김한다.

1990년대 후반부터 등장한 어헤드식 1인치 헤드

1990년대 후반이 되자 MTB에 영향을 받아 로드바이크에도 어헤드 식 헤드가 보급되었다. 카본 포크가 막 유통되던 시기로, 알루미늄제 또는 카본제 스티어러 튜브에 대응한 것이다. 처음에는 1인치가 주 류였지만, 이윽고 일부에서는 1과 1/8인치(오버사이즈)의 어헤드도 등장했다.

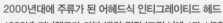

2000년대에 주류가 된 어헤드식 인티그레이티드 헤드

1999년 피나렐로가 카본 백의 명작 '프린스'에 1과 1/8인치 스티어 러 튜브의 인티그레이티드 헤드를 채용하자, 많은 제조사가 그 뒤를 따랐다. 인티그레이티드 헤드는 순식간에 로드바이크의 표준 장비가 된 것이다. 노멀 헤드를 고집하던 콜나고도 결국 2008년에 인티그 레이티드 헤드를 채용한 'EPS'를 발표했다.

헤드 파츠를 향한 콜나고의 고집
콜나고는 '노멀 헤드를 고집한 브랜드'라는 인상이 강하지만, 사실은 1988년에 발표한 '콘셉트'에 인티그레이티드 헤드를 채용한 바 있다. 이것은 공기 저항 감소를 목표로 만든 바이크로, 콜나고는 이 목표를 달성하기 위해특별한 인티그레이티드 헤드를 제작했다.

에 트럭 핸들을 끼우는 것과 같습니다."라고 말했다. 이 일화만 봐도 에르네스토 콜나고가 포크를 보수적으로 대한다는 사실을 알 수 있다.

피나렐로 프린스의 대성공

1999년 콜나고의 경쟁사인 피나렐로에서 알루미늄 메인 프레임에 카본 시트 스테이를 조합한 '프린스'를 발표해 인기를 끌었다. 카본 백 모델의 첫 테이프를 끊은 프린스에는 또 다른 중요한 부품이 채용되었다. 바로 '1과 1/8인치 스티어러 튜브의 인티그레이티드 헤드'다.

스틸의 경우 스티어러 튜브가 1인치여도 아무런 문제가 없었다. 그러나 소재가 카본일 경우 조금 굵게 만드는 편이 여러 가지 의미에서 안전하다는 것은 많은 제조사와 선수가 지적한 바 있었다. 피나렐로는 이것을 남들보다 먼저 실행에 옮겼다.

인티그레이티드 헤드는 외관이 깔끔할 뿐만 아니라 헤드 튜브를 페이스 컷하는 일이나 헤드 파츠를 압입(壓入)하는 일을 생략할 수 있어 손쉽게 정밀도를 높일 수 있다는 이점이 있었다. 헤드 파츠를 압입하면 알루미늄 헤드 튜브가 깨지는 일은 당시에 큰 문제였는데, 이런 단점도 회피할 수 있었기에 제조사 입장에서는 인티그레이티드 헤드가 매우 매력적으로 보였던 것이다. 이런 사정 때문에 2001년경에는 대부분의 제조사가 '1과 1/8인치 스티어러 튜브의 인티그레이티드 헤드'를 채용했다.

콜나고의 창립자 '에르네스토 콜나고'

1952년 20세의 나이에 공방을 세워 세계적인 바이크 제조사로 성장시켰다. 바이크를 만들 때 최우선으로 삼는 과제는 '레이스에서 승리할 수 있는 바이크를 만드는 것'이다.

C50에서 EPS로 크게 변화하다

결국 콜나고는 2003년에 발표한 'C50'의 스티어러 튜브를 1과 1/8인치로 만들었지만, 인티그레이티드 헤드는 여전히 채용하지 않았다. 그 이유를 에르네스토 콜나고에게 물어보자, "인티그레이티드 헤드로 레이스에서 승리할 수 있겠습니까? 그건 빠르게 달리는 데 아무런 도움도 안 됩니다!"라고 일갈했다. 콜나고의 제조 철학은 여전히 보수적이었다.

그 후 발표한 '익스트림 C'나 '익스트림 파워'에도 인티그레이티드 헤드는 역시 채용되지 않았는데, 2008년에 발표된 'EPS'에서 마침내 채용되었다. 인티그레이티드 헤드가 결국에는 에르네스토 콜나고에게 인정을 받은 것이다. 언제나 신중한 자세를 유지하는 에르네스토 콜나고를 보고 있으면 그가 아무런 기반도 없이 혈혈단신 사업을 시작해 성공한 이유를 알 것만 같다.

콜나고 헤드 파츠의 변천

1998년 'C40'의 스레드식 1인치 헤드

1993년에 발표한 'C40'은 풀 카본으로 만든 명작으로 1인치 헤드를 사용했다. 스타 카본 포크가 발표되는 1999년까지는 스틸 스레드 포크가 표준이었다. 사진은 프랑코 발레리니가 1998년 파리-루베에서 우승했을 때 사용한 것이다.

2001년 'C40'의 어헤드식 1인치 헤드

1999년에 스타 카본 포크가 완성되자 콜나고의 고급 완성차에 차례대로 탑재되었고, C40도 1인치 어헤드식으로 모습을 바꿨다. 사진은 스테파노 가르젤리가 2001년 지로 디탈리아에서 사용한 바이크다.

2004년 'C50'의 어헤드식 1과 1/8인치 헤드

2003년 콜나고는 창립 50주년을 기념해서 발표한 'C50'에서 마침내 스티어러 튜브를 1과 1/8인치짜리로 키웠다. 그러나 인티그레이티드 헤드는 채용하지 않았다. 사진은 오스카 프레이레가 2004년에 세계 선수권에서 우승할 때 사용한 바이크다.

2005년 '익스트림 C'의 어헤드식 1과 1/8인치 헤드

2005년 C50의 경량 버전인 '익스트림 C'가 탄생했지만 인티그레이티드 헤드가 아닌 1과 1/8인치 노멀 헤드가
채용되었다. 사진은 미카엘 라스무센이 2005년 투르 드 프랑스에서 산악왕이 되었을 때 사용한 바이크다.

2008년 'EPS'에서 콜나고가 처음으로 채용한 인티그레이티드 헤드

콜나고가 2008년 'EPS'에 마침내 인티그레이티드 헤드를 채용했다. 아래쪽의 베어링을 대경화하는 등 에르네
스토 콜나고다운 집착이 엿보인다. 사진은 에릭 자벨이 2008년 투르 드 프랑스에서 사용한 바이크다.

04

로드바이크용 브레이크

제2차 세계대전 이후 전개된 로드바이크 브레이크의 역사는 대략
세 시기로 나눌 수 있다. 먼저 1950~1960년대의 '사이드풀 대
(vs) 센터풀 시대' 1970~1980년대의 '사이드풀 전성기' 1990년
대 이후의 '듀얼 피봇 전성기'다.

사이드풀 대 센터풀

'우니베르살'은 1920년대에 프라텔리 피에트라가 창업한 이탈리아
브랜드다. 우니베르살이 1930년대에 완성한 사이드풀 브레이크는 레이스용
으로 널리 사용되었다. 1960년대까지 이탈리아인 레이서들은 대부분 우니베
르살을 표준 장비로 삼을 만큼, 이 회사의 브레이크는 압도적인 점유율을 자랑
했다.

한편 프랑스에서는 사정이 많이 달랐다. 이탈라아에 대항하는 의미도 있어
서 센터풀이 레이스용 브레이크의 주류가 되었다. 제2차 세계대전 이후에 설
립된 브랜드 '세큐리테'가 1947년에 사명을 '마팩'(MAFAC)으로 바꾸고, 1952
년에 당시로서는 압도적으로 제동감이 가볍고 제동력도 좋은 '센터풀 브레이
크'를 완성한 것이다. 참고로 브랜드명인 마팩은 'Manufacture Auvergnoise

147

de Freins et Accessoires pour Cycles'(오베르뉴 자전거 브레이크 및 액세서리 제작소)의 머리글자에서 따왔다. 프랑스를 대표하는 자전거 제조사인 '푸조'도 마팩을 이용했다.

이처럼 1950~1960년대의 투르 드 프랑스와 지로 디탈리아, 클래식 레이스를 달리는 자전거의 브레이크 분야는 '이탈리아 대 프랑스' '우니베르살 대 마팩' '사이드풀 대 센터풀'이라는 구도가 성립되어 있었다.

획기적이었던 캄파놀로 레코드

변속기 분야에서 확고한 지위를 구축하고 있던 이탈리아의 캄파놀로는 1960년대에 '여러 부품을 컴포넌트'로 만든다는 획기적인 아이디어를 구체화하고 있었는데, 브레이크만큼은 '우니베르살'이라는 거인이 있었던 탓인지 좀처럼 독자적인 제품을 발표하지 못했다. 캄파놀로는 수많은 시행착오를 거듭했지만 사이드풀이나 센터풀을 능가하는 브레이크를 개발하지 못하고 결국 사이드풀을 더욱 다듬어 출시하는 방법을 선택했다. 그 결과 1968년에 탄생한 것이 '레코드'다.

레코드는 알루미늄 소재의 우수성과 아름다운 뒷마감, 무엇보다도 높은 아치 강성과 컴파운드와 배합이 잘된 브레이크슈의 훌륭한 제동력 덕분에 우니베르살을 압도하며 순식간에 레이스계의 표준 장비가 되었다. 그전까지 마팩을 사용했던 팀도 하나둘 캄파놀로로 갈아탔고, 1970년대 중반이 되자 프랑스 팀조차 대부분 캄파놀로를 사용하게 되었다.

프랑스의 자존심인 푸조 팀만은 마팩을 계속 채용했다. 다행히 푸조 팀의 베르나르 테브네가 마팩의 브레이크로 1975년과 1977년에 투르 드 프랑스를 제패하며 센터풀의 우수성을 알린 덕분에 잠시 센터풀 브레이크의 명맥을 유지할 수 있었다. 그러나 1980년대가 되자 푸조도 스위스 바인만의 사이드풀 브레이크를 사용하였고, 마팩은 결국 문을 닫고 말았다.

브레이크 구조의 역사

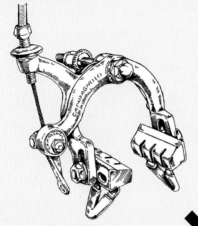

사이드풀 브레이크

본래 사이드풀 브레이크는 영국에서 개발되었지만, 제2차 세계대전 이후 레이스용으로 보급한 회사는 이탈리아의 우니베르살이었다. 1968년에 발표한 캄파놀로 레코드는 압도적인 고성능 덕택에 레이스계에서 표준 장비가 되었다.

듀얼 피봇 브레이크

1989년에 시마노가 완성한 브레이크 시스템. 세븐일레븐 팀이 테스트를 담당했고, 우쓰노미야에서 세계 선수권 대회가 개최된 1990년에 BR-7403이라는 모델명으로 발표했다. C암의 모양은 센터풀의 아이디어를 응용한 것이다.

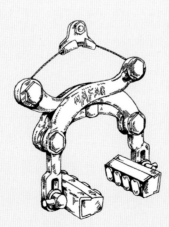

센터풀 브레이크

원형은 프랑스의 루이(Lewis)가 1947년 파리 국제 자전거 박람회에서 발표했지만, 레이스용으로 보급한 곳은 마팩이었다. 마팩의 전신인 세큐리테는 제2차 세계대전 전에 있었던 프랑스의 브레이크 제조사들이 통합된 회사다.

센터풀 브레이크의 변천

1970년대까지 프랑스제 자전거는
센터풀 브레이크를 사용했다
국가 정책상 프랑스의 푸조 팀은 1979년까지 마팩
의 센터풀 브레이크를 사용했다. 사진 속 인물은 '슈페
르 고릴라'라는 애칭으로 친숙한 베르나르 테브네다.
1975년과 1977년에 투르 드 프랑스를 제패했다.

1970년 마팩의 컴피티션
마팩이 제작한 센터풀 브레이크의 완성형이라고 할
수 있는 제품으로 테브네가 투르 드 프랑스를 제패했
을 때 사용했다.

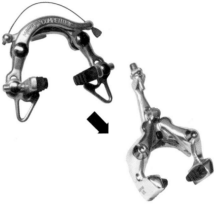

공기 역학을 도입한 시마노 듀라에이스 ax
센터풀은 에어로 효과라는 측면에서 유리하다. 그래
서 시마노는 1981년에 발표한 듀라에이스 ax에 이를
응용했다.

센터풀의 우수성은 현재도 살아 숨 쉬고 있다

　　사이드풀에 밀려 센터풀이 사라지긴 했지만, 센터풀의 우수성은 다
른 제조사도 인정하는 바였다. 1981년에 시마노가 발표한 '듀라에이스 ax'에
는 센터풀 방식이 채용되었는데, 이것은 좌우로 튀어나온 부분이 적고 역학적
으로도 우수하다는 특성을 높게 평가했기 때문이다. 캄파놀로 'C 레코드' 시리
즈에서도 이 콘셉트를 그대로 채용했다.

　　그러나 '듀라에이스 ax'는 상업적인 측면에서는 실패작이어서 불과 3년 만
에 생산을 중단했다. 원점으로 돌아간 시마노는 1984년에 '듀라에이스 7400
시리즈'를 완성했고, 브레이크(BR-7400)도 사이드풀을 채용했다. 이 시점에

사이드풀 브레이크의 변천

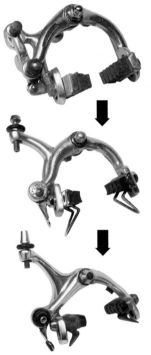

1968년 사이드풀의 원조 우니베르살 슈퍼 68
1935년부터 만든 우니베르살의 사이드풀 브레이크. 이 브레이크는 1960년대까지 이탈리아 레이서들의 표준 장비였다. 사진은 1968년에 발표한 '슈퍼 68'이라는 모델이다. 퀵의 모양이 독특하다.

1970년대 초반, 레이스계의 표준이 된 캄파놀로 레코드
1968년에 처음으로 레이스에 투입된 캄파놀로 레코드의 사이드풀 브레이크. 압도적인 성능으로 순식간에 레이스계의 표준 장비가 되었다. 사진은 1970년대 초반의 모델이다.

1988년 SLR을 탑재한 최초의 시마노 듀라에이스 BR-7402
먼저 105에 SLR을 투입해 만족스러운 결과를 얻은 시마노는 1988년 듀라에이스에도 SLR을 탑재했다. 앤드루 햄프스텐이 지로 디탈리아에서 거둔 우승의 '숨은 조력자'이기도 하다.

SLR 시스템으로 브레이크 조작이 크게 가벼워졌다
SLR이 탄생하기 이전의 브레이크는 본체에 장착된 스프링만으로 작동되었는데, 제동 후 원래 위치로 돌아가기에 충분한 힘을 내는 스프링을 사용하면 브레이크 레버가 무거워진다는 단점이 있었다. 시마노는 레버 쪽에 리턴 스프링을 설치하고 본체의 스프링 레이트를 줄여서 '조작감'이 압도적으로 가벼운 브레이크를 탄생시켰다.

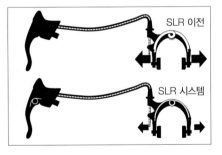

서는 혁신성이 없었지만, 1988년에 시마노는 놀라운 제품을 유럽에 선보였다. 앞서 105에서 성공했던 SLR(SHIMANO Linear Response) 시스템을 듀라에이스(BR-7402)에도 탑재한 것이다.

햄프스텐이 눈 속의 내리막길에서 증명한
SLR의 유효성
1988년 지로 디탈리아에서 BR-7402를 사용한 햄프
스텐은 얼어붙은 손으로도 브레이크를 잡을 수 있었기
에 경쟁자를 따돌리고 격차를 크게 벌릴 수 있었다.

1990년 듀얼 피봇 브레이크,
시마노 듀라에이스 BR-7403
C암에 새로운 받침점을 설정해서 압도적인 제동
력을 실현한 획기적인 브레이크 시스템이다. 우
수성을 방증하듯 캄파뇰로도 즉시 따라 했다.

이 제품의 등장은 강렬했다. 1988년 지로 디탈리아에서 BR-7402를 사용
한 앤드루 햄프스텐(미국, 세븐일레븐)이 종합 우승을 차지한 것이다. 이와 관
련해 놀라운 일화도 있다. 눈 내리는 가비아 고개를 넘어가는 스테이지에서 다
른 선수들은 손이 얼어 브레이크를 제대로 잡지 못하는 가운데, 조작이 가벼운
BR-7402를 사용한 햄프스텐은 어려움 없이 브레이크를 잡으며 독주해 종합
우승을 차지했다고 한다.

시마노는 1990년에 듀얼 피봇 브레이크인 BR-7403을 발표했는데, 이것은
C암(바깥쪽의 암)에 별도의 받침점을 설정해서 역률을 높인 제품이다. 그런데
C암의 받침점, 힘점, 작용점의 관계는 바로 센터풀에서 영향을 받은 것이다.
언뜻 쇠퇴해버린 듯이 보이는 센터풀 브레이크가 계속 살아 숨 쉬고 있는 것
이다.

05

새들

자전거 부품 중에서 새들만큼 라이더의 취향을 반영하는 것도 드물 것이다. 마리오 치폴리니와 톰 보넨이 사랑하는 산마르코 리갈, 파올로 베티니가 사랑하는 산마르코 콩코르 라이트 등, 선수와 새들에 얽힌 일화도 셀 수 없이 많다. 새들의 역사를 가죽 새들 전성기로 거슬러 올라가서 살펴보자.

가죽 새들의 표준이었던 '브룩스'

1800년대 후기, 현대 로드바이크와 같은 자전거가 탄생한 무렵부터 새들의 소재는 '가죽'이 당연했다. 사용할수록 엉덩이에 맞게 길들여지는 가죽 새들은 특히 장거리를 달리는 프로 자전거 선수에게 필수품이었던 것이다. 이후 1960년대 말엽까지 가죽 새들은 경기용 새들의 표준으로 군림했다.

제2차 세계대전 이후 레이스계에서 새들의 표준이 된 곳은 영국을 대표하는 새들 제조사 '브룩스'였다. 'B17'이라는 새들이 유명해서, 당시 선수들은 비시즌이 되면 새로운 B17을 길들여서 다음 시즌에 대비하는 것이 연례 행사였을 정도였다. 1960년대에는 브룩스의 명작 '프로페셔널'이 등장해 순식간에 선수들 사이에서 표준 장비가 되었다.

그러나 가죽 새들에는 커다란 결점이 몇 가지 있었다. 첫째는 '중량'이다.

1960년대가 되어서 캄파놀로 같은 제조사들이 알루미늄 합금으로 만든 가벼운 부품을 잇달아 만들어내자 그전까지는 신경 쓰지 않았던 가죽 새들의 중량이 눈에 밟힌 것이다. 일례로 브룩스 프로페셔널의 중량은 약 550그램이나 되는데, 이것은 현대의 새들보다 2배 더 무겁다.

둘째는 초기에 딱딱하다는 점을 들 수 있다. 엉덩이에 맞춰 새들이 길들여진다는 점은 분명 가죽 새들의 매력이지만, 반대로 길들여지지 않은 새들은 딱딱해서 앉을 만한 것이 못 됐다. 선수들은 새로운 가죽 새들을 입수하면 조금이라도 빨리 길들이기 위해 맥주병으로 두들기는 등 여러 가지 궁리를 해야 했다.

셋째는 약한 '내구성'이었다. 현대의 플라스틱 새들과 달리 당시 가죽 새들은 빗속을 달린 뒤에 모양이 일그러지는 것을 막기 위해 신문지에 싸서 말리는 등 여러 관리가 필요했다.

충격적이었던 '우니카'의 데뷔

1959년 번거로운 새들 관리 작업에서 해방된다는 낭보가 선수들에게 날아들었다. 이탈리아의 우니카가 획기적인 플라스틱 새들을 발표한 것이다. 새로운 것을 좋아하는 선수 몇 명이 즉시 이것을 시험 삼아 사용했고, 이듬해인 1960년에는 많은 선수가 우니카의 새들을 사용했다.

그러나 당시 우니카의 평판은 최악이었다. '엉덩이에 맞춰 길들여지지 않기 때문에 장거리를 달리면 엉덩이가 아프다.'라는 불평이 많았던 것이다. 그 결과 1960년 투르 드 프랑스에서 많은 선수가 우니카를 사용했지만, 이듬해에는 단 한 명도 사용하지 않았다.

그럼에도 '다음 시대에는 플라스틱 새들이 표준이 된다.'라고 믿었던 우니카는 이 새로운 새들을 포기하지 않았고, 모양을 다시 설계하고 패드를 집어넣는 등 개량을 거듭했다. 이러한 노력이 인정을 받아서 몇몇 선수가 우니카를 사용했지만, 아직 비주류였다. 1968년 투르 드 프랑스에서 역주하는 레이몽 풀리

새들 구조의 역사

가죽 새들

1960년대까지 새들이라고 하면 가죽이 당연했다. 이 시대에도 이미 플라스틱 새들이 있었지만, 엉덩이에 맞게 길들여지는 가죽 새들이 레이서들의 필수품이었다.

초기의 플라스틱 새들

1959년 이탈리아의 우니카가 플라스틱으로 만든 새들을 발표했다. 1960년 투르 드 프랑스에서는 많은 선수가 이 새들을 사용했지만 이듬해가 되자 전부 가죽 새들로 돌아가버렸다.

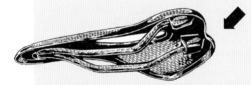

현재의 새들

지금은 플라스틱 새들이 당연해졌다. 또한 카본을 사용한 것도 드물지 않다. 패드에는 겔이 들어있는 것도 있다. 물론 지금도 톱에는 가죽을 씌우는 경우가 많다.

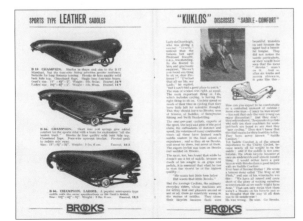

과거에는 가죽을 씌우고 스프링을 단 새들이 주류였다

브룩스의 1938년 카탈로그. 가죽을 씌운 것은 물론이고 스프링이 달린 새들이 당시 주류였다. 노면의 상태가 좋지 않은 탓이다.

도르의 사진을 보면, 아직 가죽 새들을 사용하고 있음을 확인할 수 있다.

1969년 마침내 우니카의 노력이 결실을 맺게 된다. 대형 신인 에디 메르크스가 우니카의 새들을 마음에 들어 해서 시즌 초부터 사용한 것이다. 에디 메르크스는 우니카의 새들과 함께 그해 투르 드 프랑스를 제패했다. 플라스틱 새들이 투르 드 프랑스에서 처음으로 우승하는 순간이었다.

1968년 투르 드 프랑스에서 역주하는 레이몽 풀리도르

'푸푸'라는 애칭으로 친숙한 프랑스의 국민 영웅 레이몽 풀리도르. 이 사진은 1968년 투르 드 프랑스에서 역주하는 모습인데, 새들에 주목하기 바란다. 아직 가죽 새들을 사용하고 있다. 이듬해인 1969년 이후 플라스틱 새들이 급속히 대두된다.

'셀레 산마르코'와 '셀레 이탈리아'

투르 드 프랑스 우승자가 사용한 브랜드는 날개 돋친 듯이 팔린다는 법칙이 있는데, 옛날에도 마찬가지였다. 더구나 에디 메르크스라는 슈퍼스타가 우승을 하면, 그 영향력은 절대적이었다. 에디 메르크스가 우승한 후, 이듬해인 1970년에는 많은 선수가 우니카의 새들을 사용했다.

1970년대 후반에 들어서자 이탈리아에서 신흥 브랜드 '셀레 산마르코'(이하 산마르코)와 '셀레 이탈리아'가 등장했다. 두 브랜드는 서로 경쟁하며 잇달아 놀라운 제품을 만들어냈다. 산마르코가 '콩코르'를 만들어내자 셀레 이탈리아는 '터보'를 만들어냈고, 다시 산마르코가 '롤스'를 만들자 셀레 이탈리아는 '플라이트'를 만들어냈다. 이후 두 브랜드의 '양강 시대'가 지속되었는데, 최근에는 '피지크'나 '프롤로고' '스페셜라이즈드' '본트래거' 등 새로운 브랜드도 사랑받고 있어 새들의 진화가 더더욱 기대되는 상황이다.

프로 라이더가 애용한 새들의 변천

1930년대 브룩스 B73
이 무렵까지는 레이스용 자전거에도 스프링이 달린 새들을 사용하는 경우가 있었다. 지금 같은 포장도로가 거의 없었고, 중세에 완성된 거친 파베(자갈길)를 달려야 했기 때문에 스프링이 달린 새들이 필수품이었던 것이다.

1960년대 브룩스 프로페셔널
지금과 같은 형태의 로드 레이스가 확립되자 스프링이 빠르게 달리는 데 방해물이 되었다. 단순한 와이어 레일의 새들이 주류가 된 것이다. 사진은 당시 표준 장비였던 브룩스 프로페셔널이다.

1970년 우니카 니토르 No.55
이탈리아의 우니카는 1959년에 플라스틱 새들을 최초로 발표했지만, 선수들에게 인정받기까지 약 10년의 세월이 필요했다. 1970년대에 우니카의 새들은 로드바이크계에서 표준 장비가 되었다.

1970년대 이데알레 2002
한편 프랑스에서는 이데알레가 플라스틱 새들로 성공했다. 특히 프랑스의 푸조 팀이 이데알레를 사용한 것은 유명해서, 베르나르 테브네는 이 새들로 1975년과 1977년 투르 드 프랑스를 제패했다.

1980년대 셀레 산마르코 롤스
1980년대가 되자 산마르코와 셀레 이탈리아의 '양강 시대'가 시작되었다. 사진은 산마르코를 대표하는 새들 '롤스'다. 베르나르 이노가 1985년에 투르 드 프랑스에서 다섯 번째 우승을 차지했을 때도 이 새들을 사용했다.

1980년대 셀레 이탈리아 터보
산마르코를 대표하는 새들이 '롤스'라면 셀레 이탈리아를 대표하는 새들은 '터보'다. 최초로 투르 드 프랑스 5연패를 달성한 미겔 인두라인을 비롯해 많은 라이더가 애용했다.

06

시트 포스트

로드바이크를 구성하는 부품 중에서 시트 포스트(시트 필러)만큼 돋보이지 않는 부품도 없을 것이다. 그러나 시트 포스트도 여러 가지 시행착오를 겪으며 발전해왔다. 캄파놀로 레코드에서 시작된 시트 포스트의 역사를 살펴보자.

캄파놀로가 만든 현대적인 시트 포스트

툴리오 캄파놀로는 허브의 퀵릴리스나 평행사변형식 뒤 디레일러를 완성한 것으로 유명하지만, 매우 혁신적인 시트 포스트도 완성했다. 1955년 밀라노 자전거 박람회에서 발표한 '2볼트 고정 시트 포스트'가 바로 그것이다.

그전까지 시트 포스트는 포스트에 독립된 새들 클램프를 조합한 유형이 주류였다. 요컨대 요즘 장보기용 자전거에 사용하는 것이다. 일반용으로는 그것만으로도 충분하지만, 프로 선수가 사용하기에는 조금 역부족이어서 삐걱거리는 소리가 난다든가 승차 중에 새들이 움직이는 등의 문제가 일상다반사로 발생했다. 그렇다고 움직이지 않도록 볼트를 세게 조이면 클램프 자체가 망가질 때도 많았기 때문에 선수들은 하나같이 시트 포스트에 불만을 품고 있었다.

새로운 시트 포스트가 필요하다고 생각한 툴리오 캄파놀로는 퀵릴리스식

1956년 현대 시트 포스트의 원형 '캄파놀로 레코드'
이 시트 포스트의 출현으로 선수들은 새들이 움직이거
나 포스트 자체가 망가지는 사고에서 해방될 수 있었
다. 사진은 1970년대 초엽의 모델이다.

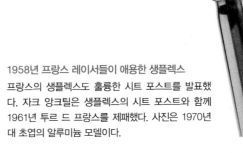

1958년 프랑스 레이서들이 애용한 생플렉스
프랑스의 생플렉스도 훌륭한 시트 포스트를 발표했
다. 자크 앙크틸은 생플렉스의 시트 포스트와 함께
1961년 투르 드 프랑스를 제패했다. 사진은 1970년
대 초엽의 알루미늄 모델이다.

허브, 평행사변형식 뒤 디레일러, 단조 엔드에 이어 시트 포스트의 개발에 착
수했다. 이 사실에서도 그가 얼마나 시트 포스트를 중시했는지 알 수 있을 것
이다. 툴리오가 개발한 2볼트 고정 시트 포스트는 1956년에 실전 투입되어 이
듬해인 1957년에 자크 앙크틸의 첫 번째 투르 드 프랑스 우승을 뒷받침했다.
툴리오가 만든 시트 포스트는 고정이 확실하고 삐걱대는 소리가 나지 않으면
서도 가벼웠다. 당연히 열렬한 지지를 받았고, 순식간에 프로 선수들의 표준
장비가 되었다.

옆에서 이 모습을 지켜보던 프랑스의 생플렉스는 캄파놀로와는 다른 방법
으로 시트 포스트를 만들었고, 1958년 파리 국제 자전거 박람회에서 발표했
다. 캄파놀로의 2볼트 고정 방식은 볼트가 세로 방향으로 배치되어 있는데, 생
플렉스는 이것을 가로 방향으로 배치해 캄파놀로보다 편하게 조정이 가능하
도록 만들었다. 이 시트 포스트는 주로 프랑스 선수들에게 채용되었고, 자크
앙크틸은 1961년에 두 번째 투르 드 프랑스 우승을 차지할 때 캄파놀로가 아
닌 생플렉스의 시트 포스트를 사용했다.

시트 포스트 구조의 역사

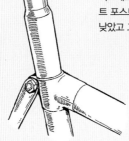

파이프 앤드 새들 클램프 별체형 시트 포스트

캄파뇰로가 2볼트 조임 시트 포스트를 발표하기 전에는 레이스용 바이크에도 파이프 형태의 포스트에 새들 클램프를 결합한 형식의 시트 포스트가 사용되었다. 당연하지만 레이스용으로 쓰기에는 강도가 낮았고 고정도 불완전했다.

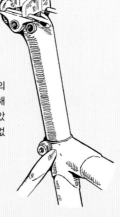

2볼트 조임의 일체형 시트 포스트

1956년 캄파뇰로가 발표한 2볼트 조임 시트 포스트는 여러 가지 의미에서 획기적인 제품이었다. 새들 클램프식 시트 포스트와 비교해서 가볍고, 확실하게 고정할 수 있으며, 튼튼해서 잘 부서지지 않았다. 순식간에 프로 레이서들의 표준 장비가 되었음은 말할 필요도 없다. 그 후 1볼트 조임으로 진화해 오늘날에 이르렀다.

일체형 시트 포스트

경량화를 추구한 궁극의 형태가 프레임과 시트 포스트를 일체화한 '일체형 시트 포스트'다. 아이디어 자체는 스틸 프레임 시절부터 있었지만, 카본 프레임 전성시대를 맞이하면서 순식간에 꽃을 피운 기술이라고 할 수 있다. 리들리와 자이언트, 스콧이 선두 주자였다.

캄파놀로의 2볼트 조임 시트 포스트를 애용한 앙크틸과 메르크스
1957년 자크 앙크틸(왼쪽)은 캄파놀로의 2볼트 조임 시트 포스트를 사용해 첫 번째 투르 드 프랑스 제패에 성공했다. 에디 메르크스(오른쪽)도 은퇴할 때까지 2볼트 조임 시트 포스트를 애용했다.

일본에서도 후지타와 스기노, 사카에 같은 제조사가 캄파놀로와 생플렉스의 모방품을 만들었다. 예를 들어 후지타의 '휴펠 라이더'라는 제품은 캄파놀로의 2볼트 고정 방식과 별 차이가 없는 제품이었다. 역시 후지타의 '벨트'도 생플렉스의 제품을 모방한 것이다.

1977년 캄파놀로는 최고 등급 모델인 '슈퍼 레코드'를 1볼트 고정 방식으로 변경했는데, 선수들은 2볼트 고정 방식을 굉장히 신뢰하고 있었다. 어느 정도인가 하면 에디 메르크스는 1978년에 은퇴할 때까지 2볼트 고정 방식만을 사용했고, 심지어 베르나르 이노는 1985년에 투르 드 프랑스를 제패했을 때 2볼트 고정 방식의 구형 레코드를 사용했다. 그 후에도 숀 켈리가 1990년대 초반까지 2볼트 고정 방식을 계속 사용했다는 이야기는 유명하다.

캄파놀로를 모방한 시마노

현재는 캄파놀로와 패권을 다투고 있는 시마노이지만, 듀라에이스 7400시리즈의 시트 포스트까지는 캄파놀로의 1볼트 고정 방식과 똑같은 제품이었다. 다만 이 시트 포스트가 대단한 점은 시트 포스트의 지름이 다양했다는

캄파놀로 시트 포스트의 변천

1974년 메르크스가 은퇴 전에 사용한 '슈퍼 레코드'

에디 메르크스는 1978년에 은퇴할 때까지 2볼트 조임을 애용했다. 확실하게 고정되는 시트 포스트였기에 프로 선수들이 매우 신뢰했다.

1977년 1볼트 조임이 된 '슈퍼 레코드'

오랫동안 2볼트 조임이었다가 이해에 1볼트 조임으로 변경되었다. 그러나 선수들이 2볼트 조임을 매우 신뢰해서, 이 제품을 거부하는 선수도 많았다.

1985년 에어로 형상을 도입한 '코르사 레코드'

통칭 'C 레코드'의 시트 포스트는 당시 유행하던 에어로 콘셉트를 도입했다. 지금 봐도 아름다운 디자인이다.

1995년 에어로에서 둥근 형상으로 돌아온 '레코드'

에어로 형상으로 만들면 아무래도 무거워지기 때문에 이해에 다시 둥근 형상으로 돌아왔다. 기본 설계는 1977년의 슈퍼 레코드와 다르지 않다.

1999년 카본을 채용한 '레코드'

1998년 시트 포스트의 소재는 티타늄이 되었고, 1999년에는 카본이 되었다. 새들 클램프도 새로 설계해서 '로 프로파일 새들'도 장착할 수 있게 되었다.

그 밖의 시트 포스트

1986년 시마노 듀라에이스 SP-7400
시마노의 출세작인 듀라에이스 7400시리즈에는 홈이
파인 유형 이외에 에어로 유형도 있었다. 지름 규격도
25밀리미터에서 0.2~0.4밀리미터 단위로 세밀하게
준비되었다.

1993년 시마노 듀라에이스 SP-7410
이스턴의 튜브를 사용해 만든 경량 모델. 모델 체인지
를 하지 않고 7800시리즈까지 계승되었지만 지금은
라인업에서 제외되었다.

1994년 룩 에르고포스트
최근에는 프레임 제조사가 시트 포스트를 준비하는
경향이 있다. 대부분은 셀코프 같은 전문 제조사에 의
뢰한 OEM 생산품이지만, 룩의 에르고포스트는 자사
가 직접 제작한 제품이다.

1996년 pmp 티타늄 시트 포스트
캄파놀로나 시마노의 시트 포스트보다 가벼웠던 까닭
에 마르코 판타니, 예브게니 베르진, 아브라함 올라노
같은 당대의 에이스들이 사용했다.

2006년 리들리 노아
프레임에서 시트 포스트가 삽입되는 부분은 높은 강도가 요구되기 때문에 비교적 튼튼하게 만드는데, 이것이 중량 증가의 원인이었다. 이 문제를 해결한 것이 일체형 시트 포스트로, 리들리 노아는 일체형 시트 포스트 시장을 선도했다.

것이다. 카본 프레임용인 25밀리미터는 물론이고 브리지스톤 레이닥(알루미늄 프레임)에 대응하는 25.8밀리미터나 스미토모 맥스티타리온(티타늄 프레임)에 대응하는 26.5밀리미터 등 0.2밀리미터 단위로 온갖 지름의 제품이 갖춰져 있었다. 형상도 홈이 파인 둥근 형상과 에어로형, 두 종류가 있었다. 당시 시마노는 틀림없이 다양한 제품의 제조와 관리에 애를 먹었을 것이다.

그 후 주류 소재는 카본이 되었고, 이 덕분에 프레임과 일체화한 '일체형 시트 포스트'가 위세를 떨쳤다. 경량화라는 점에서는 유리한 일체형 시트 포스트이지만, 조정 폭이 적고 범용성이 떨어지는 등 문제점도 많았다. 이 때문인지 지금은 프로 선수도 높낮이를 조절할 수 있는 시트 포스트를 애용한다.

07

클린처 타이어

1980년대 초엽까지 로드바이크의 타이어는 '튜블러'가 주류였다. 700C의 클린처 타이어도 오래전부터 있기는 했지만 대부분 투어링 바이크용으로 개발된 것이었으며, 레이스에서 클린처 타이어가 사용되는 일은 전무했다. 그런데 프랑스의 타이어 제조사 미쉐린이 그 상식을 뒤엎었다.

프랑스가 자랑하는 타이어 제조사

미쉐린은 앙드레 미슐랭과 에두아르 미슐랭 형제가 1889년에 설립한 타이어 제조사다. 현재는 전 세계의 수많은 나라에서 타이어를 생산하고 있으며, 그 종류도 자동차용 타이어부터 모터사이클용, 자전거용, 비행기용에 이르기까지 다양하다. 초음속기 콩코드의 타이어도 미쉐린이었으며, 우주 왕복선의 타이어에도 미쉐린이 쓰인다.

창업 당시부터 미쉐린은 레이스를 지원하는 데에 적극적인 회사였다. 1895년에는 파리-보르도를 왕복하는 자동차 레이스에 미슐랭 형제가 직접

비벤덤은 미쉐린의 창업 초기부터 있었던 캐릭터

미슐랭 형제가 회사를 창업한 시기는 1889년이다. '타이어 인간' 캐릭터는 창업하기 전부터 생각해 두고 있었던 아이디어였는데, 캐릭터에 '비벤덤'이라는 애칭을 붙인 때는 1898년이었다고 한다.

프랑스 중부 '클레르몽페랑'에 미쉐
린 본사가 있다.

드라이버로 참가하기도 했으며, 2006년까지 F1의 타이어 분야에서 일본의 브리지스톤과 패권을 다퉜다. 또한 모토 GP에서 통산 300승 이상을 달성하는 등 모터사이클 레이스에서도 빛나는 성과를 남겼다.

이처럼 레이스에 적극적인 미쉐린은 1980년대 초엽까지 한 가지 커다란 고민을 안고 있었다. 바로 자전거 레이스용 타이어 분야에서 정점에 오르지 못했다는 것이다. "자동차는 타이어의 부속품에 불과하다."라고 호언할 만큼 자부심이 강한 미쉐린에게 일반용 자전거 타이어만 만들고 있다는 사실은 도저히 참을 수 없는 일이었다.

획기적인 제품이었던 하이라이트 시리즈

바이크 분야에서 절치부심하던 미쉐린은 튜블러가 상식이었던 레이스 세계에 클린처 타이어로 도전한다는 대담한 구상을 했다. 그리고 1985년에 '하이라이트 시리즈'를 개발했다. 처음에는 회의적인 시선도 있었지만, 이듬해 푸조 팀에 톱 모델 '하이라이트 프로'를 공급해 투르 드 프랑스에서도 클린처 타이어를 사용할 수 있다는 사실을 멋지게 증명했다.

그 후로는 그야말로 파죽지세였다. 미쉐린 타이어와 함께 로랑 피뇽이 1989

타이어 구조의 역사

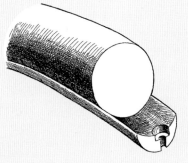

솔리드 타이어

1888년 스코틀랜드의 수의사 존 보이드 던롭이 공기가 들어 있는 타이어를 개발하기 전까지 자전거의 타이어는 림에 고무벨트를 부착했을 뿐인 솔리드 타이어였다. 당연히 무겁고 충격 흡수력도 나빴다.

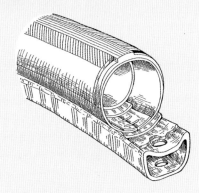

튜블러 타이어

던롭이 공기가 들어 있는 타이어를 발명하고 얼마 후 튜블러 타이어가 개발되었다. 주로 레이스용으로 쓰였는데, 1900년대 초엽이 되자 레이스 타이어 하면 튜블러 타이어가 상식인 시대가 되었다.

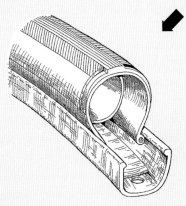

클린처 타이어

1985년 미쉐린은 본격적인 레이스용 클린처 타이어 '하이라이트 시리즈'를 세상에 발표했다. 1986년에는 프랑스 푸조 팀에 타이어를 공급하면서 새로운 시대를 열었다.

1980년대부터 활약한 미쉐린의 클린처 타이어

로랑 피뇽(프랑스)은 미쉐린의 클린처 타이어로 1989년 지로 디탈리아를 제패했다.

지아니 부뇨(이탈리아)는 미쉐린의 클린처 타이어로 1991년과 1992년 세계 선수권 대회를 제패했다.

미쉐린의 클린처 타이어 '하이라이트 시리즈'는 1986년 푸조 팀에 공급되어 프로 레이스에서 처음으로 사용되었다.

하이라이트 시리즈의 구조

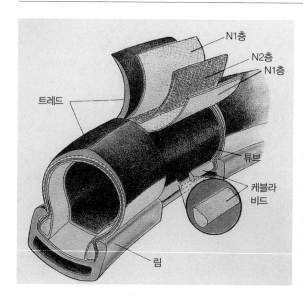

미쉐린이 세계 최초로 개발한 레이스용 클린처 타이어 '하이라이트 시리즈'에는 획기적인 아이디어가 많이 담겨 있었다. 비드 와이어에 듀폰의 고장력 섬유 케블라를 사용해 무게를 줄이는 동시에 접을 수 있도록 만들었다. 또 몇 종류의 카카스(carcass)를 쌓아서 부드러운 승차감을 실현하는 데 성공했다.

년 지로 디탈리아를 우승했고, 지아니 부뇨가 1991년과 1992년 세계 선수권 대회를 제패했다. 클린처가 튜블러에 전혀 뒤떨어지지 않음을 증명한 것이다. 이러한 결과에 자극받아 다른 타이어 제조사도 잇달아 로드바이크용 클린처 타이어를 개발했다. 현재는 튜블러보다도 클린처가 더 일반적이다. 이것도 따지고 보면 '미쉐린의 야심 찬 도전'이 이루어낸 결과다.

미쉐린 타이어의 변천

1986년 하이라이트 프로
1986년에 푸조 팀이 사용한 미쉐린의 클린처 타이어가 '하이라이트 프로'다. 19C라는 가는 굵기이면서도 접지력이 발군인 타이어였다. 진원도(真円度)는 이미 튜블러 타이어를 크게 능가했다.

1989년 슈퍼콤프 HD
피뇽의 1989년 지로 디탈리아 제패와 부뇨의 1991, 1992년 세계 선수권 제패에 공헌한 명작. 전통적인 색조가 멋진 분위기를 자아낸다.

1998년 액시얼 프로
듀얼 컴파운드 타이어 '바이시너직'을 거쳐서 1998년에 실전 투입된 그린 타이어. 우천 상황에서도 탁월한 접지력을 선보인 모델이다.

2005년 프로2 레이스
'프로 레이스'를 계승한 2005년 모델 '프로2 레이스'. 접지력, 내마모성, 승차감 등이 균형을 이루고 있다.

08

바 테이프

라이더와 자전거가 닿는 부분은 핸들 바, 새들, 페달 세 곳이다. 그런 까닭에 많은 선수가 이곳의 피팅감에 집착하며, 옛날부터 수많은 시도가 있었다. 물론 핸들 바에 감는 '바 테이프'에도 우여곡절의 역사가 담겨 있다.

전혀 중시되지 않았던 쿠션

현재 사용되고 있는 드롭 바의 원형은 1910년대에서 1920년대에 걸쳐 완성되었다. 당시 드롭 바에 부착하는 '그립'에 대해 여러 시행착오가 있었던 듯하다. 플랫 바의 경우는 라이더의 손과 접촉하는 부분이 한 곳이므로 그곳에 고무 그립을 부착하면 그만이었지만, 드롭 바의 경우 그렇게 간단한 문제가 아니었다. 도중에 브레이크 레버가 있어서 바의 상부(이른바 상부 핸들)까지 그립을 연장할 수가 없었기 때문이다. 현대의 경륜용 자전거처럼 바의 하부(이른바 하부 핸들)에만 그립을 부착하고, 상부는 금속(당시 바는 전부 철제였다.)이 그대로 드러나게 하는 경우도 많았다. 그러나 이 경우 상부를 쥐었을 때 미끄러지기 쉽다는 단점이 있었으며, 겨울철에 장갑을 사용하지 않으면 차가워서 잡을 수가 없는 경우도 있었다. 그래서 고안된 것이 '바 테이프'다. 바에 얇은 천을 감아서 바의 형상이나 브레이크 레버에 방해 받지 않고, 바 전체에 '그립'을 만들 수 있었던 것이다. 바 테이프의 소재로는 처음부터 면 능직물이 사용되었다. 당시 스틸로 만든 자전거의 경우, 프레임이나 포크가 충분한 충격 흡수 능력을 갖추고 있었던 까닭에 바 테이프에는 '쿠션'이 요구되지 않았으며 '미끄럼 방지 성능'만이 중시되었다.

면 테이프는 미끄럼 방지 성능이 매우 우수했으며 어느 정도 땀을 흡수해준다는 이점도 있었다. 단점은 낮은 내후성(외부 기후에 대한 내구성-옮긴이)이었지만, 이것은 프로 레이스의 경우 매일 다시 감는 방법으로 대처할 수 있었다. 또 일반 사용자라면 셸락 니스를 발라서 내후성을 높이는 방법을 사용하기도 했다. '셸락'은 패각충에서 채취한 수지 형태의 물질로, 알코올과 혼합한 용액은 투명 피막을 형성하는 특징이 있다. 지금도 바이올린 같은 현악기를 손질할 때 사용하는 물질이다. 셸락 니스를 바른 바 테이프는 1년 정도는 다시 감을 필요 없이 계속 사용할 수 있었다.

일본에서도 1960~1970년대에 바이콜로지(자전거를 이용해 환경을 보호하자는 운동-옮긴이) 열풍이 불던 무렵에 면 테이프가 활발히 제조되었다. 일본은 당시 세계 최고 수준의 섬유 공업 기술을 보유하고 있었기 때문에 일본이 만든 바 테이프는 미관과 내후성 측면에서 매우 우수했다.

에디 메르크스의 시대까지는 면 테이프가 주류

1970년대까지만 해도 로드바이크에 사용되는 바 테이프는 주로 면 테이프였다. 1960년대부터 1970년대에 걸쳐 활약한 에디 메르크스도 물론 면 테이프를 감고 달렸다.

면 테이프를 선호한 숀 켈리

1970년대 후반부터 1990년대 초반까지 제일선에서 활약한 클래식 헌터 숀 켈리는 면 테이프의 열렬한 애용자여서, 1994년에 은퇴할 때까지 계속 사용했다.

바 테이프 구조의 역사

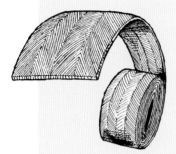

1970년대까지 주류였던 '면 테이프'

1910년대부터 1920년대에 걸쳐 드롭 바가 완성되고 거의 동시에 면 테이프가 탄생했다. 당시 바 테이프에는 '쿠션'이 요구되지 않았으며, '미끄럼 방지 성능'만이 중시되었다. 그런 점에서 면 능직물은 바 테이프로서 최고의 소재였다. 그 후 1970년대까지 면 테이프가 주류를 차지했다.

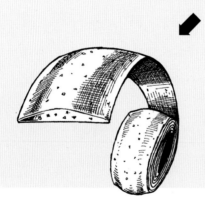

1980년대에 유행한 '셀로 테이프'

1980년대에는 1970년대 말경에 이탈리아의 TTT에서 발매한 '셀로 테이프'라는 얇은 비닐 바 테이프가 대히트해 수많은 프로 선수가 사용했다. 미끄럼 방지 성능은 면 테이프보다 떨어지고 쿠션도 없었지만 내후성이 매우 높았기 때문에 정비 부담을 줄일 수 있었다.

1990년대부터 주류가 된 '코르크 테이프'

1980년대 말엽에 등장한 암브로지오 바이크리본 같은 바 테이프는 쿠션이 있고 쾌적해서, 점유율을 계속 높여 나갔다. 그중에서도 1989년에 발매된 치넬리의 코르크 테이프는 결정판이라고 할 수 있는 제품이다. 알루미늄으로 만든 프레임이 등장한 것도 호재가 되어서 면 테이프와 셀로 테이프를 과거의 유물로 만들었다.

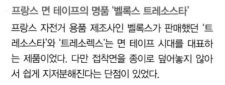

프랑스 면 테이프의 명품 '벨록스 트레소스타'

프랑스 자전거 용품 제조사인 벨록스가 판매했던 '트레소스타'와 '트레소렉스'는 면 테이프 시대를 대표하는 제품이었다. 다만 접착면을 종이로 덮어놓지 않아서 쉽게 지저분해진다는 단점이 있었다.

비싼 가격이 발목을 잡은 가죽 바 테이프

면 테이프 이외에 '가죽 바 테이프'도 있었다.(현재도 있다.) 그러나 이것은 투어링용 바이크에 사용되는 경우가 대부분이며 프로 레이스에서 사용하는 일은 거의 없었다. 유일한 예외로 1970년대에 이탈리아 제조사에서 '재봉식 가죽 바 테이프'가 발매되어 프로 레이스에서도 사용된 적이 있었다. 그러나 번거로운 설치 방법과 비싼 가격이 발목을 잡아 주류가 되지는 못했다.

당시 일본의 후지타 새들이 인조 가죽 '엑센느'를 사용해 같은 제품을 만들었다. 인조 가죽이기에 내후성이 높고 매우 우수한 제품이었지만, 역시 가격이 비싸서 큰 성공은 거두지 못한 채 사라지고 말았다.

셀로 테이프를 애용한
마나베 가즈유키

1996년 애틀랜타 올림픽 남자 도로 부문 대표였던 마나베 가즈유키는 셀로 테이프 애용자로 유명했다. 사진은 2003년 투르 드 차이나에서 스테이지 우승을 달성했을 때의 모습.

셀로 테이프에서 코르크 테이프로

1970년대 말엽, 이탈리아의 TTT가 '셀로 테이프'라는 제품을 내놓았다. 이것은 얇은 비닐 같은 소재로 만든 바 테이프로, 그 이름처럼 사무용품인 셀로판테이프를 방불케 하는 제품이었다. 물론 쿠션은 거의 없었고, 미끄럼 방지 성능도 면 테이프보다 떨어졌다. 그러나 유일하게 내후성이 좋다는 장점을 지니고 있었다. 이 점은 프로 팀에서 정비를 맡고 있는 사람에게는 축복과도 같았다. 면 테이프의 경우, 더러워지면 다시 감는 수밖에 없었기에 스테이지 레이스에서는 매일 교환하는 것이

로랑 피뇽의 노란색
'셀로 테이프'

1983년 투르 드 프랑스를 제패한 로랑 피뇽은 노란색 셀로 테이프를 사용해 아직 흰색 일변도였던 당시에 매우 신선한 인상을 줬다.

당연했다. 그런데 셀로 테이프는 닦아만 줘도 깨끗해졌던 것이다. 셀로 테이프의 등장으로 매일 바 테이프를 다시 감는 번거로운 노동에서 해방되었다. 이런 점도 영향을 끼쳤는지, 셀로 테이프는 1980년대에 프로 팀들 사이에서 인기가 많았다.

1980년대 말엽에 쿠션이 있는 바 테이프가 등장하자 상황이 완전히 달라졌

바 테이프의 변천

캣아이의 면 테이프
1960년대부터 일본에서도 면 테이프를 제조했다. 사진 속 테이프는 캣아이의 면 테이프로, 아름답고 튼튼한 제품이었다.

1980년대에 유행한 '셀로 테이프'
셀로 테이프는 닦아주기만 하면 깨끗해진다는 장점이 있었다. 그 덕분에 매일 바 테이프를 새로 감는 번거로움에서 해방되었다. 사진은 '베노토' 브랜드 제품.

코르크 테이프의 원조
코르크 테이프는 1989년에 치넬리가 발매한 것이 최초다. 우레탄에 코르크 조각을 섞어서 쿠션을 높인 제품이었다.

각 회사에서 독자적으로 발매한 테이프
여러 가지 색을 섞거나 제조사명을 브랜드로 삼는 등, 다채로운 제품이 나왔다. 사진 속 제품은 콜나고의 오리지널 코르크 테이프다.

다. 특히 치넬리가 개발한 '코르크 테이프'가 매우 인상적이었다. 1990년대에 들어오자 거의 모든 선수가 이 제품을 사용할 정도였다. 코르크 테이프라고는 해도 테이프 본체는 우레탄이며 여기에 코르크 조각을 섞어서 만든 것이다.(최근에는 코르크를 사용하지 않는 제품도 많으며 선수들은 취향에 따라 다양한 제품을 사용하는 추세다.)

마침 1990년대 초반에 딱딱한 알루미늄 프레임이 등장한 것도 코르크 테이프의 보급에 호재가 된 듯하다. 옛날부터 파리-루베처럼 도로 사정이 나쁜 레이스에서는 바 테이프에 쿠션재를 감는 것이 당연했는데, 바 테이프 자체에 쿠션이 있다는 것은 조금 과장해서 표현하면 '패러다임의 전환'이었다고 할 수 있다.

09

물통 케이지

음료나 물을 담은 물통은 장거리 로드 레이스의 필수품이다. 그런 의미에서 물통 케이지는 매우 중요한 부품이다. 여기에서는 물통 케이지를 장착하는 위치가 어떻게 변해왔는지를 소개하는 동시에 물통 케이지의 소재가 변화해온 역사도 소개하겠다.

레이스의 여명기부터 핸들에 장착

1800년대 말부터 1900년대 초에 걸쳐 리에주–바스토뉴–리에주나 파리–루베, 투르 드 프랑스 같은 장거리 로드 레이스가 개최되자 음식이나 음료를 보급하는 일이 커다란 문제가 되었다. 짧아도 250킬로미터 정도, 길 경우 500킬로미터 가까이를 달려야 하므로 확실한 보급 없이는 완주가 불가능했던 것이다.

처음에는 소형 가방을 핸들에 달고 그곳에 음식과 음료를 담는 스타일이 주류가 되었다. 지금의 시점으로 보면 마치 자전거 투어링 같은 풍경이었다. 사실 레이스 자체도 지금과 같은 순수한 '레이스'라고 보기에는 어려웠다. 지금보다 훨씬 여유로워서, 도중에 마을에서 음식이나 음료를 선물 받으면 단체로 멈춰서 점심 식사를 하는 일도 있었다고 한다. 그러나 개중에는 그런 틈새를

1950년대까지 물통 케이지는 핸들에 장착하는 방식이 주류

1950년 파리-루베를 제패한 파우스트 코피
캄파놀로의 로드식 뒤 디레일러 '캄비오코르사'를 조종하며 루베의 벨로드롬을 향하는 파우스트 코피. 물통은 핸들 바에 장착한다.

1953년 투르 드 프랑스를 제패한 루이종 보베
승부처인 갈리비에 언덕을 오르는 루이종 보베. 다운 튜브의 물통 케이지는 제거하고 핸들 바의 물통만 남겨 무게를 줄였다. 물통은 코르크 마개가 달린 알루미늄 제품이다.

이용해 앞질러 나가는 선수도 있었기 때문에 역시 달리면서 먹고 마시는 일이 필수였다.

분명 가방에서 음식이나 음료를 일일이 꺼내는 일은 번거로웠다. 특히 결승 지점 근처에 다다르면, 선수끼리 견제하기 때문에 물을 마시는 일조차 불가능해지는 경우도 많았다. 그래서 1910년대가 되자 핸들 바에 물통 케이지를 장착하는 스타일이 탄생했다. 이 덕분에 어떤 상황에서도 빠르게 음료를 마실 수 있게 되었다. 한편 식량은 저지 주머니에 넣었다.

처음에는 핸들 바에 물통을 2개 장착하는 방식이 주류였다. 가득 채울 경우 1킬로그램 정도가 되므로 지금 상식으로 생각하면 핸들링에도 큰 영향을 끼칠

177

물통 케이지 구조의 역사

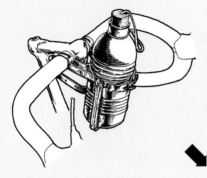

핸들에 장착하는 초기의 물통 케이지
근대 로드 레이스는 1800년대 말부터 1900년대 초에 걸쳐 확립되었는데, 핸들 바에 물통을 장착하는 스타일은 1910년대에 이미 완성되었다.

프레임에 장착하는 금속제 물통 케이지
1960년대가 되자 핸들 바에 물통을 장착하는 선수는 거의 없고, 많은 선수가 다운 튜브에만 물통을 장착했다. 물통 케이지의 소재는 철이었지만 1970년대에 가벼운 알루미늄 제품이 완성되어 이후 주류가 되었다. 그 후 티타늄이나 중공 스테인리스로 만든 가벼운 제품도 탄생했다.

현재의 카본 물통 케이지
카본 프레임이 주류가 된 2000년대에 이르자 휠이나 핸들 바, 시트 포스트, 크랭크 등에 차례차례 카본이 쓰였다. 물통 케이지도 예외는 아니어서, 지금은 프로 레이스에서 카본 제품이 주류다.

터이지만, 그래도 가방을 달아서 음식을 넣어둘 때보다는 훨씬 가벼웠다. 선수들은 아무런 의문도 품지 않고 그 상태로 레이스에 임했다. 이 스타일은 1940년대 후반까지 계속되었다. 투르 드 프랑스를 예로 들면, 제2차 세계대전 이후 처음으로 개최된 1947년 대회의 우승자 장 로빅(프랑스)은 핸들 바에 물통 2개를 달고 이 가혹한 레이스를 완주했다.

1950년대에는 핸들 앤드 다운 튜브

1940년대 후반이 되자 핸들 바 외에 다운 튜브에도 물통을 장착했다. 그전까지 물통 2개를 핸들 바에 장착했던 것이 하나는 다운 튜브, 다른 하나는 핸들 바에 장착하는 스타일로 바뀐 것이다. 물론 여기에는 핸들링에 끼치는 영향을 줄이고, 무게 중심을 더욱 낮추려는 노력이 숨어 있었다.

이 스타일을 유행시킨 선수는 이탈리아의 영웅 지노 바탈리다. 바탈리는 핸들 바 앤드 다운 튜브라는 스타일로 1948년 투르 드 프랑스에 참가해 제2차 세계대전 이후 첫 이탈리아인 우승자가 되었다. 게다가 이듬해인 1949년에는 파우스트 코피가 같은 스타일로 투르 드 프랑스를 제패하면서 핸들 바 앤드 다운 튜브 스타일이 완전히 정착했다.

1950년대에 투르 드 프랑스에서 활약한 페르디난드 쿠블러(스위스, 1950년 우승), 휴고 코블렛(스위스, 1951년 우승), 파우스트 코피(이탈리아, 1952년 우승), 루이종 보베(프랑스, 1953~1955년 우승), 샤를리 골(룩셈부르크, 1958년 우승) 같은 선수들은 모두 핸들 바 앤드 다운 튜브라는 스타일로 달렸다.

다운 튜브에만 장착하는 스타일은 앙크틸이 원조?

1960년대가 되자 서포트 카 보급 시스템이 크게 발전했으며, 물통을 운반하는 어시스트 시스템도 확립되었기 때문에 이제 물병은 하나만 있어도 충분하다고 생각하게 되었다. 그래서 핸들 바의 물통을 없앴다. 핸들 바에서 물통이 사라지자 핸들링이 극단적으로 가벼워졌고, 이 스타일은 선수들에게 크게 호평 받았다. 자크 앙크틸(프랑스)은 1957년에 투르 드 프랑스를 처음 제패했을 때 핸들 바에 물통을 장착한 다른 선수들과 달리 다운 튜브에 물통 하나를 매달아 썼다. 참고로 핸들 바에 물통을 장착한 스타일로 투르 드 프랑스에서 우승한 마지막 선수는 1960년의 가스토네 넨치니(이탈리아)다. 1961년에 앙크틸이 두 번째 투르 드 프랑스 우승을 달성하고, 1964년까지 연승을 늘려나가자, 다들 이 프랑스 영웅처럼 다운 튜브에만 물통을 장착하는 스타일을 따라 했다. 그 후 1970년대 후반에는 시트 튜브에도 물통을 장착하는 스타일이 등장해 1980년대 이후에는 주류가 되었다. 결국 물통의 개수는 1950년대 이전으로 돌아갔다.

물통 케이지의 변천

1970년대 TA 알루미늄
물통 케이지
철제 케이지 부문에서 압도적인 점유율을 자랑했던 프랑스의 TA가 1970년대에 알루미늄 용접 물통 케이지를 발표했다. 알루미늄 제품의 선구적인 존재다. 무게는 47그램.

1980년대 엘리트의 초기 제품
이탈리아의 신흥 브랜드 엘리트가 발표한 알루미늄 물통 케이지. 다채로운 도장 마감이 특징으로, 델 통고 같은 이탈리아의 많은 팀이 채용했다. 무게는 64그램.

1990년대 TA 물통 케이지
용접 알루미늄제임에는 변함이 없지만 디자인이 현대식으로 바뀌고 도장 마감이 되었다. 프랑스와 벨기에의 팀이 많이 사용했다. 무게는 66그램.

엘리트의 히트작 'Ciussi'
1990년 초에 발표되어 독특한 디자인으로 히트한 엘리트의 출세작. 중공 알루미늄을 사용해 가볍고 튼튼한 것이 특징이다. 색상도 다양했다. 무게는 74그램.

Ciussi의 스테인리스 버전 'Ciussi INOX'
1997년에 발표되었다. 중공 스테인리스를 사용해 가볍고 부식이 잘 되지 않는다. INOX는 inoxidation (비산화)의 약자다. 울리히가 투르드 프랑스를 제패했을 때 사용했다. 무게는 45그램.

대히트한 엘리트의 '파타오'
66밀리미터라는 가는 지름에 전용 물통과 함께 등장했지만 이후 지름이 통상적인 74밀리미터가 되었다. 용접을 생략해 비용을 절감한 알루미늄 제품. 무게는 47그램.

파타오의 카본 버전 '파타오 카본'
알루미늄으로 만든 파타오의 디자인을 답습해 소재만 카본으로 만든 제품이다. 무게는 26그램.

킹의 '티타늄 케이지'
1990년대에 존 토맥이 사용해서 주목을 모은 킹의 초경량 중공 티타늄 케이지. 무게는 29그램.

플라스틱으로 만든 스페셜라이즈드의 '립 케이지'
저렴한 플라스틱을 사용하고 디자인에 신경을 써서 저렴한 비용과 높은 성능, 가벼운 무게라는 장점을 모두 잡은 제품. 무게는 34그램.

1920년에 제작된 영국 BSA의 레이스용 자전거. 현대 로드바이크와 기본적으로 차이가 없는 디자인이 이미 완성되었다.

현대 자전거는 1900년대 초반에 완성되었다

유럽 사람들은 레이스를 좋아한다. 벨로시페드가 탄생하자마자 레이스를 개최할 생각을 하고, 2륜 벨로시페드의 속력을 높이기 위해 앞바퀴를 크게 만들었다. 이것이 훗날 페니파싱으로 진화했다. 페니파싱은 이런 형식의 자전거 중 '궁극의 형태'였던 셈이다. 그러나 체인 구동 자전거가 등장한 1890년대가 되자, 매우 다양한 형태의 자전거가 탄생했다가 사라졌다.

놀랍게도 현대적인 다이아몬드 모양의 프레임은 1900년대 초반에 거의 완성되어 있었다. 불과 10여 년 만에 현대 로드바이크와 기본적으로 차이가 없는 자전거가 등장했다니 놀라운 일이다. 자전거의 진화라는 관점에서 살펴보면 1890년대 말부터 1900년대 초는 매우 재미있는 시대였다고 할 수 있다.

CHAPTER 4

의류·액세서리의
진화

자전거 경기의 장비를 이야기할 때 프레임이나 부품뿐만 아니라 의류와 헬멧, 선글라스 같은 액세서리도 언급을 안 할 수 없다. 이 장에서는 자전거 경기에서 사용되는 주변 물품을 소개하고 문화적 배경도 다루려 한다.

01

사이클링 저지

제3장까지는 자전거의 하드웨어에 초점을 맞춰서 발전 역사를 되돌아봤는데, 지금부터는 조금 시점을 바꿔서 선수가 입는 옷에 주목하려 한다.

보습성이 우수한 울 소재

체인으로 구동되는 현대 자전거의 원형이 완성된 시기는 1800년대 말이다. 이때부터 레이스의 속도는 눈에 띄게 빨라졌고, 장거리 로드 레이스도 활발히 열렸다. 현재 열리고 있는 레이스 중에서 가장 긴 역사를 자랑하는 리에주-바스토뉴-리에주는 1892년에 제1회 대회가 열렸다.

이런 장거리 레이스가 열리자 당연히 그에 맞는 의류도 개발되었다. 초기의 사이클링 의류는 이미 스포츠웨어로서 완성된 형태를 띤 승마용 저지를 표본으로 삼았던 듯하다. 즉 재질은 신축성이 있는 울 직물을 채용하고, 풍압에 따른 펄럭임을 억제하기 위해 몸에 딱 맞도록 실루엣을 만든 제품이다. 승마용 저지와 마찬가지로 라이더가 앞으로 숙인 자세에 대응하기 위해 등 쪽의 길이가 길어졌다.

당시에는 아직 나일론이나 아크릴, 폴리에스테르 같은 합성 섬유가 개발되지 않았던 까닭에 선택할 수 있는 소재가 면(코튼), 모(울), 비단(실크), 마(린넨) 등의 천연 소재로 한정되어 있었다. 그중에서 울은 보습성과 발한성(빨리 마르는 성질)이 우수해 스포츠웨어의 소재로 쓰기에 가장 이상적이었다.

1972년 에디 메르크스는 멕시코에서 아워레코드에 도전할 때, 공기 저항을 줄이고자 실크 소재로 만든 옷을 준비했다.

사이클링 저지에 요구되는 기능은 많다. '흡한성' '발한성' '보습성' '내구성' '내마모성' 등이다. 코튼은 흡한성과 내마모성은 우수하지만 보습성과 발한성이 울보다 크게 뒤떨어진다. 고개를 넘을 때, 오르막길에서는 땀을 대량으로 흘리지만 이어지는 내리막길에서는 단숨에 식어버린다. 그럴 때 코튼으로 만든 옷은 몸을 차갑게 식히며, 자칫하면 그것이 원인이 되어 레이스를 진행하지 못할 수도 있다. 한편 보습성이 우수한 울은 몸을 식히지 않고, 라이더가 무사히 기슭까지 도달할 수 있게 해준다.

흥미로운 초기 사이클링 의류의 실루엣

초기 사이클링 의류도 기능성을 강조하긴 했지만, 라이딩에 전혀 필요 없는 옷깃(칼라)이 그대로 남아 있었다는 사실은 매우 흥미롭다. 원래 자전거 레이스는 귀족이나 부자들의 놀이로 시작되었다. 유럽 상류 사회에 속한 그들에게 전통이나 격식은 기능 이상으로 중요했다. 그들이 입는 옷에는 당연히 옷깃이 달려 있어야 했던 것이다. 그들에게는 "옷깃이 없는 옷은 속옷이나 다름없다."라든가 "옷깃 없는 옷을 입고 사람들 앞에 나서는 것은 실례다."와 같은 생각이 있었다.

현대에는 사이클링 의류뿐만 아니라 대부분의 스포츠웨어가 기능을 중시

사이클링 저지 구조의 역사

울 저지(앞뒤 주머니 시대)
1950년대 무렵까지는 저지의 주머니가 일반적으로 등 쪽뿐만 아니라 앞쪽에도 달려 있었다. 당시 선수들은 펑크 수리를 직접 해야 했기 때문에 공구류를 포함해 지금보다 가지고 다녀야 하는 물건이 훨씬 많았던 것이다. 옷깃이 달려 있다는 점에도 주목하자. 소재는 물론 울이었다.

울 저지(뒷주머니만 있는 시대)
1960년대가 되자 레이스의 서포트 시스템이 크게 향상되고, 그에 따라 선수들은 직접 자전거를 고칠 필요가 없어졌다. 주머니도 등 쪽에만 달렸다. 또 기능을 추구한 결과 불필요한 옷깃도 생략되었다. 이렇게 해서 현대적인 사이클링 저지의 원형이 완성되었다.

폴리에스테르 저지
1980년대 전반이 되자 젖어도 줄어들지 않고, 빨리 마르면서 내구성이 우수한 합성 섬유 저지가 등장했다. 그중에서도 폴리에스테르 소재는 매우 우수해서 순식간에 레이싱 저지 소재의 표준이 되었다. 이탈리아 회사인 산티니가 선구자 역할을 했다.

해서 옷깃이 없다. 지금도 유럽의 귀족과 왕족들이 "티셔츠를 입고 밖을 걸어 다닌다니, 마치 미국인 같군."이라고 말할 때가 종종 있다. 물론 격식 있는 레스토랑에 티셔츠 차림으로 가면 당연히 출입을 거부당한다.

초기 사이클링 의류에서 또 한 가지 흥미로운 점은 주머니가 뒤가 아닌 앞에 달려 있다는 것이다. 당시는 지금과 달리 펑크 같은 사고가 나면 수리를 선수가 직접 해야 했다. 그래서 레이스에서는 스페어타이어를 몸에 걸치고 달리는 것이 당연했을 정도다. 당연히 공구나 음식 등 휴대해야 할 것도 많았기에 뒤쪽에 있는 주머니만으로는 필요한 물품을 전부 수납할 수가 없었다.

1985년 베르나르 이노가 입은 폴리에스테르 저지

투르 드 프랑스를 다섯 번이나 제패한 프랑스의 영웅 베르나르 이노는 현역 시절에 울 저지를 주로 입었지만, 라비클레르 팀에 소속되었던 1984~1986년에는 산티니에서 만든 폴리에스테르 저지를 선택했다.

더욱 기능성을 강조한 사이클링 의류

1960년대가 되자 아스팔트 포장 도로가 늘어나고 자동차가 크게 보급되었다. 이 같은 사회 배경의 변화 속에서 자전거 레이스를 서포트하는 시스템도 크게 향상되었다. 그전까지 선수들이 직접 했던 펑크 수리도 지금은 서포트 카에서 대기하고 있는 정비사들이 휠 교환이라는 작업을 통해 매우 빠르게 실시한다.

당연히 사이클링 의류도 점점 기능성이 높아졌다. 앞주머니는 없어지고, 주행에 전혀 필요 없는 옷깃도 제거되었다. 이 시점에서 현대적인 사이클링 의류의 실루엣이 완성되었다고 할 수 있다.

이 무렵부터 화학 섬유도 조금씩 도입되었다. 1938년에는 미국의 월러스 캐로더스가 개발한 '나일론'을 듀폰이 제조했다. 울 저지는 내구성이나 내마모성

울 저지의 변천

1970년대 초기의 울 저지
파란 바탕에 검정·하양·빨강이 들어간 벨기에 국가
대표팀의 저지. 물론 메르크스도 세계 선수권 대회에
서는 이 저지를 입고 달렸다.

1973년 울 저지
프랑스의 명선수 레이몽 풀리도르가 활약한 프랑스
팀, Gan-Mercier-Hutchinson의 저지. 스폰서 명
칭은 열전사 프린트로 처리했다.

폴리에스테르 저지의 변천

1984년 푸조 팀의 저지
1960년대부터 시작된 푸조 팀은
1984년에 르꼬끄 대신 산티니의
폴리에스테르 저지를 이용했다.

1989년 ADR 팀의 저지
1989년 투르 드 프랑스를 제패한
그렉 르몽드가 이끄는 ADR 팀의
저지. 이 무렵이 되자 모든 팀이
폴리에스테르 저지를 이용했다.

1996년 바네스토 팀의 저지
1991~1995년에 투르 드 프랑스
5연패를 달성한 미겔 인두라인이
이끈 바네스토 팀의 저지. 사진의
저지는 1996년 모델이다. 이 저지
를 입고 달린 미겔은 리스에게 우
승을 넘겨줬다.

여러 나라의 국가대표팀이 사용하는 사이클링 의류

각국의 국가대표팀 저지
왼쪽 위부터 프랑스, 미국, 이탈리아, 스위스, 스페인
의 저지. 물론 국기나 국가 컬러가 들어가 있다.

이탈리아 국가대표팀의 저지
치폴리니가 세계 선수권 대회에서 우승한 2002년 당
시의 이탈리아 국가대표팀 저지. 스포르트풀에서 만
들었다. 통기성이 우수한 소재를 사용했다.

벨기에 국가대표팀의 본딩
벨기에 국가대표팀이 1990년대에 입은 본딩.(겨울용
저지) 추운 날이면 유용하게 사용되는 옷이다.

미국 국가대표팀의 바람막이
1990년대 펄 이즈미가 미국 국가대표팀의 저지 제작
을 담당하던 시절의 바람막이. 나일론으로 만들었다.

이 약했는데, 나일론을 혼방하자 약점을 크게 개선할 수 있었다. 또한 1950년
에는 아크릴이 개발되어 울을 대체할 저렴한 저지를 제조하는 데에 크게 공헌
했다.

현대에는 폴리에스테르로 만든 옷이 주류인데, 울에서 폴리에스테르로 넘
어가는 변혁기는 1980년대 중반이었다. 예컨대 푸조 팀은 프랑스 스포츠 브랜
드인 *르꼬끄*가 만든 울 저지를 1983년까지 사용했는데, 1984년부터 이탈리아
의 산티니가 만든 폴리에스테르 저지를 입었다.

02

레이싱 팬츠

앞에서 저지의 역사를 살펴봤는데, 여기에서는 저지의 짝이라고 할 수 있는 레이싱 팬츠의 역사를 되돌아보도록 하자. 주목해야 할 점은 두 가지다. 울에서 폴리우레탄 혼방으로 팬츠의 소재가 변화한 점과 천연 가죽에서 인조 가죽으로 패드의 소재와 구조가 변화한 점이다.

옛날에는 레이싱 팬츠도 울로 만들었다

처음에는 울로 만들었던 사이클링 저지와 마찬가지로 레이싱 팬츠도 과거에는 울 제품이 중심이었다. 신축성이 있고 젖어도 보습성이 극단적으로 떨어지지 않으며, 넘어졌을 때 피부를 보호해주는 울은 레이싱 팬츠의 소재로도 최적이었다.

울 소재 팬츠에는 단점도 많았다. 첫째, 세탁을 하면 줄어드는 게 문제였다. 드라이클리닝을 하면 괜찮지만, 선수가 원정지에서 항상 드라이클리닝을 할 수 있다는 보장은 없다. 그래서 세탁에 나름대로 신경을 써야 했다. 또 '신축성이 있다'고는 하지만 지금의 레이싱 팬츠처럼 늘어나지는 않았다. 그런 까닭에 팬츠의 기장은 지금보다 짧았고, 신축을 방해하는 플록 프린트(팀명을 적었다.)도 작게 팬츠의 가장자리에 '가로로' 넣었다.

울 소재 팬츠는 내구성도 그다지 높다고 말할 수 없었다. 프로 선수가 사용하는 고급품은 양모 100퍼센트가 당연했지만, 아마추어 선수나 일반 사이클리스트가 사용하는 보급품은 내구성을 높이기 위해 나일론이나 아크릴 등을 혼방하는 것이 보통이었다.

한 가지 더 덧붙이면, 울 소재 팬츠는 습도가 낮은 유럽에는 적합하지만 고온 다습한 지역에는 적합하지 않았다. 일본의 펄 이즈미는 도쿄 올림픽이 개최된 1964년부터 사이클링 의류를 제조하고 판매했는데, 당시 레이싱 팬츠의 소재로 울 대신 특수한 아크릴을 사용하는 등 여러 아이디어를 짜내야 했다고 한다.

울 소재 팬츠의 시대

1978년 투르 드 프랑스에 참가한 베르나르 이노(왼쪽)와 프레디 메르텐스(오른쪽). 아직 팬츠는 울 소재였다. 다리의 움직임을 방해하지 않도록 짧았고, 신축성을 방해하는 프린트도 팬츠의 가장자리 근처에 가로로 인쇄했다.

화학 섬유가 스포츠웨어를 바꾸다

1959년에 듀폰이 폴리우레탄이라는 고분자 화합물을 제품화하자 일본에서도 1963년부터 관련 제품을 제조했다. 폴리우레탄은 매우 신축성이 좋고 고무보다도 가늘게 만들 수 있는 까닭에 신축성 섬유를 만드는 데 최적이었다. 나일론 섬유에 휘감으면 신축성 소재를 만들 수 있었기 때문에 여성의 코르셋이나 스타킹 등 신축성이 필요한 의류에 즉시 사용되었다.

신축성이 풍부한 폴리우레탄 섬유는 스포츠웨어에도 사용할 수 있는 최적의 소재여서, 1970년대가 되자 수영 팬츠에 적극적으로 활용되었다. 사이클링 의류 분야도 예외는 아니었다. 먼저 1970년대 후반에 타임 트라이얼 스킨 슈트(에어로 원피스)를 만드는 데 사용되었고, 이윽고 통상적인 레이싱 팬츠만큼은 폴리우레탄 혼방 소재가 울을 대체했다. 1980년대 초에는 거의 모든 프로

레이싱 팬츠 구조의 역사

울 소재

1970년대까지 레이싱 팬츠의 소재는 울이 주류였다. 젖어도 보습성이 떨어지지 않는 울은 가혹한 기상 조건하에서 열리는 자전거 경기에 최적의 소재였던 것이다. 보급형은 아크릴이나 나일론과 혼방인 경우가 많았다. 일반적으로 어깨끈이 달려 있지 않아서 서스펜더를 사용하는 일도 많았다.

천연 가죽 패드

1970년경부터 울 소재 팬츠에는 살이 쓸리는 문제를 해결하기 위해 섀미 가죽 패드가 부착되었다. '섀미 가죽'은 매우 곱고 부드러운 것이 특징이다. 그러나 천연 가죽이다 보니 세탁을 해서 건조하면 딱딱해지기 때문에 관리가 힘들다는 단점도 있었다.

폴리우레탄 혼방 소재

1970년대 후반부터 서서히 합성 섬유로 만든 레이싱 팬츠가 등장했다. 소재는 나일론이나 폴리에스테르이며, 여기에 신축성을 높이려고 '폴리우레탄'을 혼방한 것이 특징이다. 빼어난 피트감 때문에 순식간에 울 소재 레이싱 팬츠를 레이스계에서 몰아내버렸다.

인조 가죽 패드

레이싱 팬츠에 합성 섬유가 사용된 뒤에도 한동안은 천연 가죽인 섀미 가죽 패드가 주류였다. 여기에 인조 가죽을 세계 최초로 도입한 곳이 펄 이즈미다. 1983년에 '아마라'라는 인조 가죽을 채용한 것이다. 관리가 편하다는 점을 인정받아서 다른 제조사들도 이를 뒤따랐다.

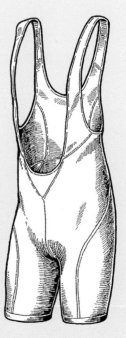

팀이 현재와 같은 폴리우레탄 혼방 팬츠를 선택하기에 이르렀다.

여담이지만, 팬츠의 소재로 자주 볼 수 있는 '라이크라'는 인비스타가 만든 폴리우레탄 섬유 제품의 등록 상표다. 이와 비슷하게 '로이카'는 아사히 화성 섬유의 등록 상표이다. '스판덱스'는 폴리우레탄 섬유의 통칭으로, 유럽에서는 '엘라스탄'이라고도 부른다. 폴리우레탄은 섬유뿐만 아니라 고무나 나무, 금속을 대체하는 제품으로도 널리 사용되고 있다.

피부 감촉이 좋은 섀미 가죽

레이싱 팬츠의 패드를 살펴보도록 하자. 1960년대까지 레이싱 팬츠에는 패드가 없었다. 당시 새들은 가죽 제품이 주류였고, 길이 잘 든 가죽 새들은 패드가 필요 없었기 때문이다. 그러나 1969년 에디 메르크스의 투르 드 프랑스 우승을 계기로 이탈리아 우니카의 플라스틱 새들이 프로 레이스 세계에서 큰 인기를 끌었다. 순식간에 가죽 새들을 몰아내버린 것이다. 당시 슈퍼스타였던 에디 메르크스가 플라스틱 새들의 대중화에 커다란 영향을 끼쳤다고 할 수 있다.

이처럼 플라스틱 새들을 많은 사람들이 애용하자 큰 문제가 발생했다. 플라스틱 새들은 아무리 타도 형태가 변형되지 않기 때문에 장시간 타면 엉덩

합성 섬유 팬츠의 모습

1985년 지로 디탈리아에서 역주하는 프란체스코 모젤. 울을 쓰던 시대에는 레이싱 팬츠의 색이 검은색이었지만, 합성 섬유의 시대가 되자 화려한 색상이 등장했다.

명승부를 낳은 패드의 성능

1989년 투르 드 프랑스에서 그렉 르몽드와 접전을 벌이던 로랑 피뇽(뒤)은 레이스 후반에 살이 쓸리는 문제에 시달리다 최종일에 역전당해 불과 8초 차이로 종합 우승을 놓쳤다.

193

이가 아프다. 이 때문에 비토레지아니, 카스텔리, 르꼬끄 같은 제조사가 다양한 시행착오를 거듭한 끝에 섀미 가죽 패드를 1970년경에 고안해냈다. 섀미 가죽은 매우 곱고 부드러운 것이 특징이다. 기타 같은 악기나 카메라 렌즈를 닦기 위한 용도로 사용할 정도여서 민감한 넓적다리 부분을 보호하기에 안성맞춤이었다. 그 부드러운 피부 감촉은 이루 말하기 어려웠다.

펄 이즈미 패드의 변천

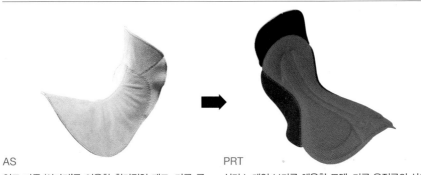

AS
인조 가죽 '아마라'를 이용한 획기적인 패드. 미국 국가대표팀은 1984년 LA 올림픽에서 이 패드를 사용해 9개의 메달을 획득했다.

PRT
심리스 메인 보디를 채용한 모델. 미국 우정국의 사이클 팀이 이용한 것으로 유명하다.

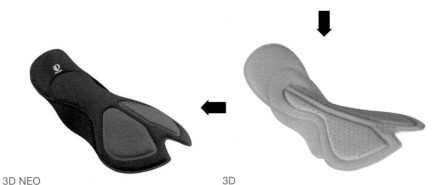

3D NEO
나일론을 이용해 만들어서 경이적인 신축성과 발군의 피부 감촉을 동시에 실현한 패드.

3D
두 방향에 신축성을 부여해서 쾌적성을 향상한 모델. 알렉산드로 페타키가 지로 디탈리아와 투르 드 프랑스 구간 우승을 할 때 이용했다.

펄 이즈미가 패드에 혁명을 몰고 오다

섀미 가죽은 관리가 상당히 힘들었다. 세탁을 했을 때 그대로 건조하면 딱딱해지기 때문이다. 선수들은 아직 덜 말랐을 때 섀미 가죽 패드를 잘 주물러서 말랑말랑하게 만들 필요가 있었다. 그런데 이 번거로움에 종지부를 찍은 곳이 일본의 사이클링 의류 제조사 펄 이즈미다. 1983년에 섀미 가죽 대신 인조 가죽 '아마라'를 사용해서 번거로운 레이싱 패드 관리 작업에서 선수들을 해방시켰다. 인조 가죽을 사용한 계기는 펄 이즈미의 사장이었던 시미즈 히로야스가 자택에서 무심코 보던 텔레비전 광고였다고 한다. 광고에서는 '인조 가죽 코트는 젖어도 걱정 없다'는 내용을 방영 중이었다.

이 제품은 신축성이 다른 소재를 조합해서 근육을 조여주고, 부상을 방지하는 동시에 라이더의 힘을 향상시키는 팬츠다.

아마라를 사용한 AS 패드는 즉시 미국 국가대표팀의 장비가 되었고, 1984년 LA 올림픽에서 미국 국가대표팀은 알렉시 그레월(도로 부문 우승)을 필두로 9개의 매달을 획득했다. 이것을 계기로 아마라를 사용한 패드는 전 세계 선수들의 열광적인 환영을 받았다. 관리를 신경 쓸 필요 없이 라이딩에 집중할 수 있으므로 이렇게 고마운 팬츠가 없었던 것이다.

다른 제조사도 펄 이즈미의 뒤를 자연스레 따랐다. 그러나 1990년대가 되자 섀미 가죽 패드를 단 레이싱 팬츠는 찾아볼 수 없게 되었다. 펄 이즈미는 PRT, 3D 등의 하이테크 패드를 잇달아 개발했고 여러 제조사도 이를 따르면서 가죽으로 만든 패드는 사라졌다.

03

레이싱 슈즈

레이싱 슈즈는 효과적인 페달링을 위한 필수품이다. 1980년대 전반까지는 끈을 매는 방식의 가죽 제품이 주류였지만, 1985년에 등장한 클릿 페달에 대응하기 위해 두껍고 튼튼한 스트랩식으로 변화했다.

평범한 가죽 신발에서 발전한 초기 로드 슈즈

1900년대 초에 근대적인 로드 레이스와 트랙 레이스가 확립되자 효율적인 페달링을 위해 슈즈를 페달에 고정하는 '토 클립 앤드 스트랩'이 고안되었다. 슈즈 자체는 끈을 매는 일반적인 가죽 신발에서 발전한 것으로, 솔(밑창)·어퍼(갑피) 모두 가죽 제품이었다. 솔에는 페달과 확실히 맞물리기 위해 '슈 플레이트'라고 부르는 금속이 부착되었다. 이처럼 라이더의 안전과 '효율적인 페달링'을 동시에 실현하는 이상적인 페달링 시스템이 비교적 이른 시기에 확립되었다.

페달링 시스템이 완성된 지 얼마 되지 않아, 구멍 뚫린 가죽 레이싱 슈즈가 등장했다. 물론 이것은 통기성을 좋게 하기 위함으로, 아직 나일론으로 만든 메시 소재가 없었던 시대이기에 구멍을 뚫는 방법이 자연스럽게 받아들여졌

토 클립 앤드 스트랩의 시대

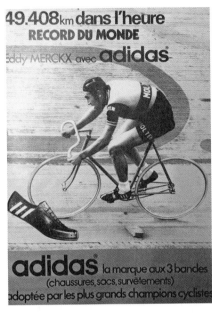

1972년에 아워레코드를 수립한 에디 메르크스는 은퇴할 때까지 아디다스 슈즈를 애용했다. 사진은 그 무렵의 아디다스 광고다. 물론 당시 가죽 슈즈는 끈을 매는 방식이었다.

데토 피에트로의 슈즈
이탈리아의 가죽 구두는 높은 평가를 받는데, 이는 자전거용도 마찬가지다. 위 사진은 1970년대를 대표하는 명품 '데토 피에트로'의 슈즈다. 구멍이 뚫려 있는 제품, 구멍이 없는 제품, 모피나 새털을 사용한 겨울 제품 등 종류가 다양했다.

빅토리아의 구멍 뚫린 가죽 슈즈
필자가 1970년대에 사용했던 이탈리아 빅토리아의 슈즈다. 빅토리아는 산악왕 마르코 판타니가 사용한 것으로 유명한데, 물론 당시 슈즈는 구멍이 뚫려 있고 끈을 매는 방식의 가죽 제품이었다.

다. 반대로 겨울철 슈즈에는 구멍을 뚫지 않았고, 안쪽에 모피나 새털을 붙인 제품도 있었다.

솔에도 다양한 시도가 있었다. 목제 솔 슈즈나 철제 섕크(shank)가 들어간 제품도 등장했다. 특히 트랙 레이스에서는 순발력이 요구되기 때문에 딱딱한 소재의 솔이 중시되었다. 현재는 딱딱한 솔을 만들기 위해 카본을 이용하는 것이 당연해졌지만, 당시는 아직 카본 소재가 없었던 까닭에 이런 소재에 주목한 것이다. 이 전통적인 (끈을 매는) 가죽 신발은 1980년대 전반까지 약 80년 동안 레이싱 슈즈의 주류로 군림했다.

레이싱 슈즈 구조의 역사

토 클립 앤드 스트랩 가죽 슈즈

1980년대 전반까지 주류였던 토 클립 앤드 스트랩에 대응하는 슈즈는 끈을 매는 방식의 일반적인 가죽 신발에서 발전한 것이었다. 힘이 낭비되지 않도록 솔이 강화되고 페달에 맞물리는 '슈 플레이트'가 부착되어 있었다. 통기성을 좋게 하기 위한 구멍도 있었다.

초기 클릿 페달 슈즈

끈을 매는 방식의 일반적인 가죽 슈즈는 스트랩을 사용하므로 페달을 위로 들어 올리는 동작을 반복해도 어퍼가 늘어날 걱정은 없었다. 그러나 클릿 페달은 스트랩이 없으므로 슈즈의 발등을 고정하는 기구가 필요했다. 그래서 벨크로로 잠그는 스트랩식 슈즈가 고안되었다.

현대 클릿 페달 슈즈

초기의 클릿 페달 슈즈의 스트랩은 보통 2개였는데, 피트감을 높이기 위해 스트랩의 수가 3개가 되었다. 또한 발등 부분을 고정하는 스트랩에 래칫을 이용한 고정 기구를 준비한 제품이 많아졌다. 솔의 소재도 고급 모델은 플라스틱에서 카본으로 바뀌었다.

불운했던 치넬리 M-71

1973년 이탈리아의 치넬리는 밀라노 자전거 박람회에서 세상을 깜짝 놀라게 할 제품을 발표했다. 세계 최초의 클릿 페달 'M-71'이다. 이것은 전용 클릿을 신발 바닥에 부착하고 일종의 '빗장'을 사용해서 고정하는 방식이었다. 그래서 수동으로 이 빗장을 풀지 않는 한 슈즈는 페달에서 떨어지지 않았다. 넘어졌을 때 안전할 것인가라는 점에서는 큰 문제가 남아 있지만 '벗겨지지 않는다'는 점에서는 매우 획기적이어서, 발표 당시에 '차세대 페달'로 크게 주목받았다. 지금은 콜럼버스 산하에 들어간 치넬리이지만, 당시는 창업자 치노 치넬리가 독창적인 아이디어를 잇달아 제품화한 덕분에 혁신적인 회사로 알려져 있었다.

클릿 페달의 기원은 치넬리가 1973년에 발표한 M-71이다. 그러나 당시는 끈을 매는 방식의 가죽 슈즈밖에 없어서 어퍼가 늘어나는 문제를 해결할 수가 없었다. 그 탓에 결국 주류가 되지 못했다. 슈즈의 발달이 더뎌서 클릿 페달이 제대로 평가받지 못한 것이다.

선수들이 실제로 M-71을 사용해보니 몇 가지 문제가 노출되었다. 가장 큰 문제는 슈즈의 어퍼가 늘어난다는 점이었다. 생각해보면 그때까지 발등을 누르고 있던 스트랩이 없으니 당연한 일이었다. 전용 클릿의 부착이 번거롭고, 고정하는 힘이 약한 것도 문제였다. 요즘 슈즈는 클릿을 부착하기 위해 솔이 튼튼해야 한다는 점이 상식이 되었지만, 당시 슈즈는 솔이 가죽 또는 나무로 만들어져 있었기 때문에 못이나 나무 나사로 전용 솔을 고정할 필요가 있었다. 그렇다 보니 당연히 고정하는 힘이 약해서 발을 힘차게 들어 올리면 전용 클릿이 신발 바닥에서 떨어져 나오는 경우도 있었다고 한다.

판촉도 성공적이었다고는 말할 수 없었다. 치넬리의 핸들 바 앤드 스템을 애용했던 에디 메르크스는 M-71을 별로 마음에 들어 하지 않아서 은퇴할 때까지 전통적인 토 클립 앤드 스트랩과 아디다스의 가죽 슈즈를 애용했다. 만약 당시 치넬리가 메르크스와 스폰서 계약을 맺어서 억지로라도 M-71을 사용하도록 했다면 이 제품의 운명은 상당히 달라졌을 것이다.

클릿 페달의 시대

1985년 세계 최초의 본격 클릿 페달 '룩 PP-65'를 레이스 세계에 도입한 베르나르 이노는 패트릭의 스트랩 슈즈를 사용했다.

시디 지니어스 2

시디 지니어스 4

스트랩이 2개에서 3개로 변화

1990년대에서 2000년대가 되자, 슈즈의 스트랩 수는 2개에서 3개가 되었다. 예를 들어 이탈리아를 대표하는 레이싱 슈즈 '시디'의 지니어스 시리즈를 보면 '지니어스 2'의 경우 스트랩이 2개였지만 '지니어스 4'의 경우 3개가 되었다.

노스웨이브 스프린트

노스웨이브 콤팩트 3V

2000년대 스트랩 3개는 고급형, 2개는 저가형

사진은 이탈리아 슈즈인 '노스웨이브'의 2000년 모델 '스프린트'와 '콤팩트 3V'다. 저가형인 스프린트는 스트랩 2개, 고급형인 콤팩트 3V는 스트랩 3개로 만들어서 차별화를 꾀했다.

시마노 SH-R212

시마노 SH-R214

2000년대 시마노 슈즈의 변화

시마노의 하이엔드 로드 슈즈의 경우, 2000년 모델인 SH-R212에서는 스트랩 3개 모두 벨크로 방식이었지만 2003년 모델인 SH-R214에서는 제일 위의 스트랩이 래칫 방식이다. 달리면서 조절이 가능하다는 장점이 있다.

슈즈를 변화시킨 클릿 페달

클릿 페달을 레이스 세계에 본격적으로
도입한 첫 번째 선수는 프랑스의 베르나르 이노였
다. 1985년에 프랑스의 제조사 룩이 개발한 'PP-
65'라는 클릿 페달을 시즌 초부터 사용했던 것이
다. 당시 이노는 부동의 슈퍼스타였기에 이 페달은
큰 주목을 받았다. 게다가 이해에 이노는 지로 디
탈리아와 투르 드 프랑스를 모두 제패하는 '더블 투
르'를 달성했다. 클릿 페달의 미래는 이때 보장받았
다고 해도 과언이 아닐 것이다.

이노는 프랑스의 패트릭이 개발한 스트랩 슈즈를 사용해서 어퍼가 늘어난
다는 문제점을 해결했다. 이듬해인 1986년에 이노의 팀 동료였던 미국인 선수
그렉 르몽드가 룩의 클릿 페달을 사용해 투르 드 프랑스에서 첫 우승을 차지하
자, 클릿 페달의 인기는 확고해졌다. 그 후 불과 수 년 사이에 프로 레이서가 사
용하는 슈즈와 페달은 '스트랩 슈즈'와 '클릿 페달'이 되었다.

처음 스트랩 슈즈 대부분은 스트랩 개수가 2개였다. 이 덕분에 탈착이 간편
하긴 했지만, 역시 피트감에서 조금 문제가 있었다. 완벽한 피트감을 위해서는
스트랩이 조금 더 많은 편이 이상적이었는지, 하이엔드 슈즈의 스트랩 개수는
3개가 되었다. 저가형 슈즈나 빠른 탈착이 요구되는 트라이애슬론 슈즈의 경
우 스트랩이 2개다. 종목은 다르지만 플라스틱 스키 부츠에서도 같은 경향을
발견할 수 있다. 초기 제품의 경우 버클 3개가 주류였지만, 곧 버클 4개가 주류
가 되었으며, 이윽고 하이엔드 스키 부츠의 경우 버클이 5개가 되었다. 어떤 스
포츠든 슈즈의 피트감은 선수에게 매우 중요한 문제라는 사실을 스트랩과 버
클의 개수가 변한 사실에서도 알 수 있다.

04

헬멧

과거에는 투어리스트나 아마추어 선수는 물론이고 프로 선수까지
도 거의 헬멧을 쓰지 않았다. 자전거용 고기능 헬멧이 없었을 뿐
만 아니라 헬멧을 쓰면 '볼품없다.'라는 분위기가 있었기 때문이기
도 하다. 그런 편견을 깬 제조사가 미국의 '지로'다.

존재하지 않았던 '헬멧을 쓰는 습관'

원래 자전거 경기의 본고장 유럽에서는 헬멧을 쓰는 습관이 없었다.
벨기에처럼 경기 연맹이 헤드기어의 착용을 의무화한 나라에서도 고작해야
카스크(kask)를 쓰는 정도였다. 1980년대 이전의 유럽 자전거 잡지를 살펴보
면 카스크를 쓰고 있는 선수 사진은 많이 볼 수 있지만 타임 트라이얼의 에어
로 헬멧을 제외하면 (머리를 보호하기 위한) 헬멧을 쓰고 있는 선수는 거의 찾아
볼 수 없다.

물론 1980년대 이전에도 자전거용 헬멧은 있었다. 그러나 당시는 '그런 것
을 쓰면 더워서 머리가 멍해지기 때문에 오히려 위험하다'는 의견이 다수를 차
지했다. 그리고 무엇보다도 '그런 볼품없는 것을 쓰고 싶지는 않다.'라는 생각
이 선수들의 의식 깊은 곳에 자리하고 있었다.

그렉 르몽드가 헬멧의 인기에
불을 붙였다
1989년 미국의 그렉 르몽드는 지로
의 '에어어택 SC'라는 하드쉘 헬멧
을 쓰고 두 번째 투르 드 프랑스 제
패에 성공했다. 이 슈퍼스타의 활약
은 헬멧의 인기에 불을 붙였다.

그렇다 보니 당연히 낙차 사고가 일어났을 때 머리를 다칠 위험성이 높았고,
1984년 요아힘 아고스티뇨(포르투갈)가 사망하는 사고가 일어나기도 했다.(달
려든 개와 충돌하는 바람에 자전거에서 떨어져 노면에 머리를 부딪쳤다.) 그러나 투
르 드 프랑스 같은 메이저 레이스에서 큰 사고가 일어나지 않아서인지 헬멧 착
용 의무화가 진지하게 논의되는 일은 없었다.

유소년기의 경험이 헬멧 장착에 대한 저항감을 없앤다?

조금 이야기가 샛길로 빠지지만, 일반 자전거를 타는 사람을 떠올려
보기 바란다. 원동기 장치 자전거를 헬멧 없이 타고 다니면 즉시 교통법규 위
반으로 걸리지만, 일반 자전거의 경우 헬멧 없이 타는 것이 당연하고 자연스럽
게 받아들여진다. 최근에는 부모와 함께 타는 아이를 위해 호빵맨이나 피카추
등이 그려진 귀여운 헬멧이 팔리고 있지만, 헬멧을 쓰는 비율은 아직 그리 높
지 않다.(한국의 경우 2018년 9월부터 헬멧을 의무적으로 착용한다.–편집자)

미국은 사정이 달랐다. 1960년대에 BMX를 타고 노는 아이들이 늘어나자
넘어져서 머리를 다치는 사례가 빈번히 보고되었고, 안전성을 고려해서 헬멧
착용이 장려되었다. 게다가 미국에서는 "헬멧을 쓰지 않고 사고를 일으켰을

헬멧 구조의 역사

카스크
헬멧이 일반 장비가 되기 전에는 '카스크'가 유일한 헤드기어였다.

소프트쉘 헬멧
발포스티롤로 만든 본체에 커버를 씌운 단순한 구조이지만, 안전성은 카스크가 범접할 수 없을 만큼 높았다.

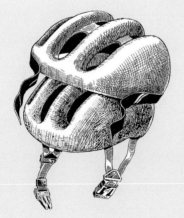

초기 하드쉘 헬멧
현재 폴리카보네이트 헬멧은 본체에 압착하는 방식이 일반적이지만, 초기에는 테이프로 고정했다.

경우 보험금을 받을 수 없다."라는 규정도 생겼다. 이런 배경 때문에 헬멧을 쓰고 자전거를 타는 문화가 일찍부터 퍼져 있었던 것이다.

"세 살 버릇 여든까지 간다."라는 속담이 있듯이, 유소년기에 들인 습관은 어른이 되어서도 잘 없어지지 않는다. 그들이 어른이 되어서 로드바이크나 MTB를 탈 때 당연하다는 듯이 헬멧을 쓸 것임은 쉽게 예상할 수 있다.

충격적이었던 지로의 헬멧

예전 헬멧은 빈말로라도 멋지다고는 부를 수 없는 물건이었다. 그런 가운데 디자이너이자 바이크 레이서였던 짐 젠테스가 '제조사에 맡겨서는 평생 가도 멋진 헬멧이 안 나올 거야. 차라리 내가 만들자!'라고 생각했다. 1985년의 일이다.

그는 일이 끝나면 밤중에 차고에 틀어박혀 가볍고 멋지면서 착용감이 우수한 헬멧을 만들기 위해 몰두했다. 그는 그전까지 당연시되었던 경질 플라스틱 쉘을 버리고, 라이너(기계가 마모되는 것을 막기 위하여 붙이는 판)로 사용되는 것이 상식이었던 발포스티롤을 활용했다. 또한 NASA(미 항공 우주국)에 다니는 친구의 도움을 얻어서 통기성이 좋고 에어로 효과도 높은 형상을 만들었다. 그리고 바깥쪽에 커버를 씌워서 외관을 멋지게 꾸몄다. 자전거용 헬멧에 혁명을 일으킨 모델 '지로 프로라이트'가 탄생한 것이다.

지로 프로라이트는 미국의 세븐일레븐 프로 팀에도 채택되었고, 경량성을 인정받아 크게 성공했다. 그러나 결정적인 성공 요인은 미국의 슈퍼스타였던 그렉 르몽드가 지로 헬멧을 쓰고 1989년 투르 드 프랑스를 제패했기 때문이었다. 이때 지로 헬멧

프로 레이스에서도 헬멧은 비주류

프로 레이스의 세계에서 헬멧 사용을 의무화하자는 논의가 진지하게 시작된 것은 1995년 투르 드 프랑스에서 발생한 파비오 카사르텔리(이탈리아)의 사망 사고 이후다.
PHOTO : Hirohisa Yamaguchi

지로 제품으로 정리한 헬멧의 변천

1985년 PRO LIGHT
발포스티롤 본체에 커버를 씌운 구조로 압도적인 경량화를 실현한 지로의 첫 자전거용 헬멧. 지금 존재하는 자전거용 헬멧의 시작점이다.

1992년 VENTOUX
전작인 해머헤드 SC까지는 아직 '미국 헬멧'이라는 이미지가 강했지만, 이 헬멧은 유럽의 프로 팀도 많이 이용했다.

1996년 HELIOS
그전까지 테이프로 고정했던 쉘을 본체에 압착하는 '인몰드'(in mold) 제조법과 피트감을 높이는 '록록'(rocklock)을 도입한 획기적인 모델.

2007년 ATMOS
쉘 일부에 카본을 쓰고, 안전성과 경량화를 더욱 높인 지로의 플래그십 모델. 2007년 모델에서 10년 만에 로고가 새로 바뀌었다.

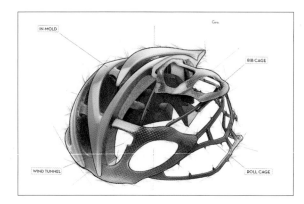

헬멧은 더 가볍고 안전하며 쾌적해지고 있다
지로의 플래그십 모델 '아트모스'는 골격이 카본으로 보강된 '립 케이지'다. 강도 향상과 경량화를 동시에 실현했다. 개구부를 크게 확보할 수 있어 쾌적성도 향상되었다.

은 2세대인 '에어어택 SC'라는 모델로, 이 모델은 폴리카보네이트 소재로 만든 쉘을 채용하고, 경량성을 해치지 않으면서도 강도를 높이는 데 성공했다.

이후 현재에 이르기까지 자전거 헬멧은 타사의 제품을 포함해 '발포스티롤 본체에 폴리카보네이트 쉘을 더한' 구조를 답습하고 있다. 그런 의미에서 에어어택 SC는 새로운 시대를 연 혁신적인 제품이었다고 할 수 있다. 에어어택 SC 이후 지로의 헬멧(하이엔드 모델)은 '해머헤드 SC' '방투' '헬리오스' '보레아스' '누모' '아트모스' '이오노스' 순으로 진화해왔는데, 그때마다 참신한 기능과 구조가 추가되어 '자전거용 헬멧은 볼품없다'는 편견을 바꾸는 원동력이 되었다.

05

에어로 헬멧

현재 타임 트라이얼에서 에어로 헬멧은 '디스크 휠' '에어로 원피스'와 어깨를 나란히 하는 표준 장비다. 그런 에어로 헬멧이 시대의 요구에 대응하며 역할이 크게 바뀌었다. 에어로 헬멧의 역사를 살펴보도록 하자.

에어로 장비의 원조는 모서

지금은 상상도 할 수 없는 일이지만, 1970년대까지는 '경량화'야말로 타임 트라이얼(이하 TT) 바이크의 진리였다. 전형적인 예가 1972년에 에디 메르크스가 사용한 아워레코드 바이크다. 티타늄 스템과 베릴륨 시트 포스트 등 스페셜 경량 부품을 잔뜩 사용해서 스틸 바이크이면서도 무게가 5.75킬로그램이었다. 그런데 공기 저항을 감소시킬 요소는 전혀 없었으며, 현대의 힐 클라이밍용과 같았다. 유일한 에어로 장비는 사이클링 의류뿐으로, 비토레지아니의 실크 원피스를 사용했다. 다만 머리에 쓴 것은 전통적인 카스크였다.

이런 관행을 크게 뒤바꾼 선수가 1984년 아워레코드를 수립한 프란체스코 모서(이탈리아, 지스)다. '퍼니 바이크'라고 부르는 프레임(앞바퀴의 지름이 작다.), 불혼 바, 디스크 휠 등 현대 TT 바이크의 절대 명제인 '공기 저항 감소'를

세계 최초의 클릿 페달 'M-71'을 만든 회사 '치넬리'는 에어로 헬멧에서도 선구적이었다. 뒤쪽으로 뻗어 나온 형상이 공기 흐름을 바로잡는다. 단순한 구조이지만 어느 정도의 보호 기능도 있었다.

1985년 투르 드 프랑스에서 에어로 헬멧을 쓴 베르나르 이노
베르나르 이노는 1985년 치넬리의 에어로 헬멧을 썼다. 시야를 방해하지 않도록 눈 윗부분을 도려낸 것이 특징이다.

위한 에어로 장비의 기초를 만든 것이다.

그러나 모서가 아워레코드에 도전했을 때는 아직 '에어로 헬멧'이라는 개념이 없었다. 아니, 아이디어는 있었을지 모르지만 모서는 결국 머리카락의 공기저항을 줄이기 위해 '신축성 있는 캡'을 쓰는 데 그쳤다. 마치 수영 모자 같은 모습이었지만 어느 정도 효과는 있었다. 다만 머리 뒤쪽에 생기는 공기 소용돌이(난류)를 어쩌지는 못했기 때문에 에어로 효과라는 측면에서는 재고의 여지가 컸다고 말할 수 있다.

이노가 도입한 에어로 헬멧

1985년에 치넬리는 획기적인 에어로 헬멧을 발매했다. 지금 제품에 비하면 전체 길이가 짧지만, 후방으로 튀어나온 부분이 머리 뒤쪽에서 발생하는 공기 소용돌이를 없애주는 효과가 있었다. 또 내부에 완충재를 넣지는 않았지만 쉘 자체가 두꺼운 플라스틱이어서 어느 정도 보호 기능도 겸비했다.

에어로 헬멧 구조의 역사

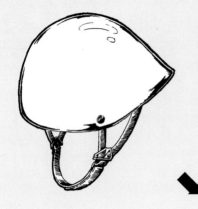

초기 에어로 헬멧

1985년 치넬리가 발매한 에어로 헬멧. 헬멧의 본체는 두꺼운 경질 플라스틱으로 만들었다. 내부는 단순하고, 발포스티롤 완충재는 사용하지 않았다. 요컨대 건설 현장에서 사용하는 헬멧과 같은 구조였으며, 그런 까닭에 어느 정도 보호 기능은 있었다.

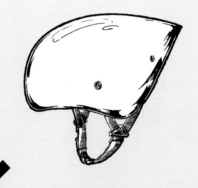

에어로 효과만을 생각한 얇은 플라스틱 헬멧

1990년대 중반이 되자 지로, 브리코, 리마 등 각 제조사가 에어로 헬멧을 내놓았다. 대부분은 폴리카보네이트처럼 얇지만 강도가 있는 소재로 만들었으며, 헬멧이라기보다는 단순한 '정류판'(유체의 흐름을 조절하기 위해 설치한 팔랑개비 모양의 판)과 같은 효과밖에 없었다.

보호 기능을 강화한 에어로 헬멧

2003년 파리-니스에서 일어난 안드레이 키빌레프의 사망 사고가 계기가 되어 UCI는 2003년 5월 5일부로 '하드쉘로 만든 헬멧 착용'을 의무화했다. 2004년에는 타임 트라이얼에도 이 규정이 적용되었고, 각 제조사는 보호 기능을 갖춘 에어로 헬멧을 내놓았다. 내부에 발포스티롤 완충재가 들어 있다.

베르나르 이노(프랑스, 라비클레르)는 1985년에 이 에어로 헬멧을 처음으로 레이스에 사용했다. 에어로 헬멧을 쓴 베르나르 이노는 지로 디탈리아와 투르 드 프랑스의 개인 TT 부문을 제패했을 뿐만 아니라 더블 투르도 달성했다. 이해에 이노가 룩의 클릿 페달 PP-65를 레이스에서 처음으로 사용해 크게 화제가 되었기 때문에 에어로 헬멧은 그늘에 가려진 감이 있지만, 이 부동의 슈퍼스타가 펼친 활약으로 이듬해부터 에어로 헬멧을 사용하는 선수가 늘어났음은 말할 필요도 없다. 에어로 헬멧의 역사를 이야기할 때 이노의 공적은 헤아릴 수 없을 만큼 크다.

1985년 지로 디탈리아에서 주행 중인 프란체스코 모서

1984년 아워레코드를 기록한 모서는 이듬해 TT 경기에서도 같은 장비와 복장으로 임했다. 신축성 있는 모자로 머리카락의 공기 저항을 줄였다.

이듬해인 1986년에는 그렉 르몽드(미국, 라비클레르)가 역시 치넬리의 에어로 헬멧을 사용해 TT에서 활약했으며 투르 드 프랑스 첫 우승을 차지했다. 또한 1987년에는 스테판 로쉐(아일랜드, 카레라)가 치넬리의 에어로 헬멧을 쓰고 더블 투르를 달성했다.(에어로 헬멧과는 관계가 없지만, 로쉐는 이해에 세계 선수권도 제패했다.)

1989년 투르 드 프랑스의 마지막 날, 개인 TT에서 르몽드(ADR)는 로랑 피뇽(프랑스, 슈페르U)을 8초 차이로 제치고 기적적으로 종합 우승을 차지했다. 이때 르몽드가 사용한 헬멧은 미국의 신흥 회사 '지로'가 개발한 제품이었다. 하드쉘은 없지만 본체가 발포스티롤이고 여기에 커버를 씌워서 사용하는 제품으로, 당연하지만 보호 기능이 뛰어났다. 그러나 그 후 에어로 헬멧은 다른 방향으로 진화했다.

에어로 헬멧의 변천

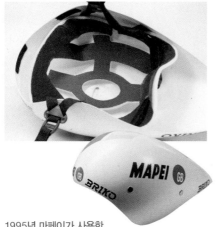

1995년 마페이가 사용한
브리코의 에어로 헬멧

에어로 헬멧에 정류 기능밖에 없었던 시대의 전형적인 제품이다. 극단적으로 얇은 연질 플라스틱 쉘은 손으로 쉽게 부술 수 있을 만큼 섬세했다. 물론 머리를 보호하는 기능은 전혀 없었다.

2003년 UCI의 규정 변경으로
등장한 레이저의 에어로 헬멧

2003년 5월에 UCI가 '하드쉘 헬멧 착용'을 의무화하자 이에 대응하는 제품이 즉시 등장했다. '레이저 크로노 03'은 이 시기의 제품이다. 전체 길이가 짧으며 일반적인 헬멧에 가까운 형상이었다.

2006년 에어로 헬멧
MET Pac IV

타임 트라이얼에서도 보호 기능을 갖춘 헬멧을 사용하게 되자 각 회사는 좀 더 에어로 효과가 높은 제품을 내놓았다. 'MET Pac IV'는 전체 길이가 길고 보호 기능뿐만 아니라 에어로 효과도 높다.

2007년 에어로 헬멧,
지로 어드밴티지 II

지로의 '어드밴티지 II'는 확실한 보호 기능과 피트감 조절 기능이 있어 '이오노스' 같은 일반 헬멧과 거의 차이가 없는 수준에 이르렀다.

212

단순한 '정류판'에서 180도 전환

1990년대가 되자 에어로 헬멧은 극단적으로 얇은 플라스틱 제품만 나왔다. 요컨대 보호 기능을 완전히 버리고 단순히 '정류판'이 되었다.

물론 그 의도는 이해할 수 있다. 공기 역학적 특성을 높이기 위해서는 헬멧의 전체 길이를 '치넬리' 제품보다 더 길게 만드는 편이 유리하다는 것을 풍동 실험을 통해 알게 되었는데, 두꺼운 플라스틱을 사용하면 너무 무거워진다. 이런 조건을 극복할 방안을 찾던 중에 TT에서는 치명적인 낙차 사고가 일어날 확률이 낮으니 아예 '정류판' 기능만을 갖추자고 생각한 것이다.

그렉 르몽드가 투르 드 프랑스에서 쓴 에어로 헬멧

1989년 투르 드 프랑스에서 그렉 르몽드가 사용한 지로의 에어로 헬멧은 하드쉘이 없이 발포스티롤 본체에 커버를 씌운 구조로, 보호 기능이 뛰어났다.

그러나 2003년 파리-니스에서 일어난 안드레이 키빌레프(카자흐스탄, 코피디스)의 사망 사고가 상황을 완전히 뒤바꿔놓았다. 키빌레프는 결승 스프린트에 대비해 서포트 카에서 받은 헬멧을 쓰려고 양손을 핸들 바에서 놓았는데, 그 순간 넘어져 머리를 노면에 강하게 부딪쳤다.

UCI는 끔찍한 사고가 일어나자 즉시 헬멧 착용을 의무화했다. 처음에는 긴 오르막 결승점에서는 헬멧을 벗는 것이 허용되었지만, 2005년부터는 예외 없이 헬멧 착용이 의무가 되었다. 에어로 헬멧의 경우 2003년까지는 기존 헬멧을 써도 괜찮았지만 2004년부터는 하드쉘로 만든 헬멧을 착용해야 했다. 이처럼 안전 규칙이 개정되자 그때까지 단순한 '정류판'이었던 에어로 헬멧은 통상적인 헬멧과 전혀 다를 바 없는 안전성을 갖춘 제품으로 탈바꿈했다.

06

선글라스

현재 프로와 아마추어를 불문하고 거의 모든 선수가 선글라스를 사용한다. 그러나 로드 레이스에서 선글라스를 착용하는 습관이 생긴 시기는 1980년대로, 그전에는 거의 모든 선수가 선글라스를 사용하지 않았다. 선글라스를 착용하는 습관은 어떻게 생긴 것일까?

선글라스의 원류는 레이밴

역사상 선글라스와 비슷한 것이 최초로 등장한 곳은 15세기 중국이었다. 재판관이 검댕을 묻힌 석영으로 만든 안경을 쓴 것이 시작이었다. 그 목적은 '차광'이 아니라 '눈의 표정을 감추는' 것이었다고 한다. 눈의 표정 변화로 감정을 읽히는 상황을 막기 위해 재판소가 착용을 의무화했다는 것이다. 물론 이것은 상당히 특수한 예라고 할 수 있다.

서양에서 선글라스가 널리 퍼진 시기는 20세기 전반이었다. 1923년에 북아메리카 대륙 무착륙 횡단 비행에 성공한 미국 육군 항공대의 존 맥클레디 중위가 파일럿의 눈을 보호할 수 있는 선글라스의 개발을 광학 제품 제조사인 바슈롬에 의뢰했다. 이에 바슈롬은 6년이라는 시간을 투자해 자외선을 99퍼센트 차단할 수 있는 '레이밴 그린 렌즈'를 완성했다. 1930년에 그 렌즈를 사용한 에

1950년대 이전의 선글라스 사용

제2차 세계대전 전에는
고글이 필수
자전거 아이웨어의 역사를 거슬러 올라가면 제2차 세계대전 이전에 사용된 고글에 도달한다. 당시에는 비포장도로가 많아서 고글을 많이 이용했다. 보통 렌즈는 투명했지만 색을 넣은 제품도 있었다.

일반용 선글라스를 끼는 선수들
도로 사정이 좋아지자 고글을 사용하는 선수는 사라졌고, 선수들은 '맨눈'으로 달렸다. 그러나 개중에는 자외선을 막기 위해 선글라스를 끼는 선수도 있었다. 사진은 1950년 지로 디탈리아에서 역주하는 휴고 코블렛(스위스).

캄피오니시모의 선글라스
캄피오니시모(최고의 챔피언)라고 불리는 이탈리아의 영웅 파우스트 코피는 멋쟁이로도 유명해서, 당시 유행한 선글라스를 끼고 달리기도 했다. 사진은 1952년 투르 드 프랑스에서 찍은 것이다.

비에이터 모델이 미군에 정식 납품되면서 선글라스의 역사가 본격적으로 시작되었다.

파일럿이 트레이드마크처럼 착용하자 선글라스는 많은 인기와 더불어 필수품이 되었다. 물론 에비에이터 모델을 시판해달라는 러브콜이 쏟아졌다. 그래서 1937년에 탄생한 것이 차광을 의미하는 '레이밴' 브랜드의 선글라스다. 오늘날에도 레이밴은 선글라스의 대명사 같은 존재인데, 일반용 선글라스의 원류는 바로 레이밴이라고 할 수 있다.

선글라스 구조의 역사

색을 넣은 고글

제2차 세계대전 이전에는 고글을 착용하고 달리는 선수가 많았다. 당시는 아직 비포장도로가 일반적이었기 때문에 노면에서 솟아오르는 흙먼지도 지금은 상상할 수 없을 만큼 맹렬했다. 따라서 흙먼지로부터 눈을 보호할 고글이 필수였던 것이다. 대부분은 투명한 렌즈였지만 개중에는 색을 넣은 렌즈도 있어서 자외선으로부터 눈을 보호했다.

코피, 크네테만이 꼈던 일반 선글라스

제2차 세계대전 이후 도로 정비가 진행되자 고글을 사용하는 선수는 거의 없어지고 아이웨어를 착용하지 않고 달리는 스타일이 당연해졌다. 1980년대까지 이런 상황이 계속되었는데, 파우스트 코피 같은 멋쟁이는 맑은 날이면 일반 선글라스를 끼기도 했다. 1970년대에 활약한 게리 크네테만은 항상 선글라스를 사용하는 선수로 유명했다.

자전거 전용 선글라스

1985년 그렉 르몽드는 오클리가 개발한 자전거 전용 선글라스 '아이셰이드'를 착용하고 각종 레이스에서 활약했다. 측면에서 자외선이나 공기의 유입을 차단하는 렌즈의 기능이 좋았고, 르몽드의 인기도 높아서 사람들 사이에 '자전거 전용 선글라스'를 끼는 습관이 퍼졌다.

안경을 끼고 달렸던 롤랑 베를랑
1979년 프랑스 챔피언 롤랑 베를랑(프랑스, 르노 지탄)은 안경을 끼고 달리는 몇 안 되는 선수였다. 렌즈에는 옅은 색을 넣었는데, 선글라스처럼 차광 효과도 노렸을 것이다.

선글라스가 트레이드마크였던 게리 크네테만
1979년 세계 챔피언 게리 크네테만(네덜란드, TI 랄레이)은 선글라스를 끼는 선수로 유명했다. 당시 선글라스를 끼는 선수는 거의 없었기 때문에 그의 모습은 매우 눈에 띄었다.

제2차 세계대전 전에는 고글이 주류

자전거 레이스계에서는 선글라스가 그다지 빠르게 보급되지 않았다. 제2차 세계대전 전에는 고글이 필수 아이템이었기 때문이다. 당시는 아직 비포장도로가 많아서 맑은 날에는 흙먼지가, 비 오는 날에는 흙탕물이 인정사정 없이 얼굴과 눈을 강타했기에 고글이 필수품일 수밖에 없었다.

당시 자전거 선수가 사용하던 고글의 렌즈는 대부분 투명했다. 그러나 개중에는 색을 넣은 제품을 사용하는 선수도 있었고, 여기에는 물론 흙먼지나 흙탕

물에서 눈을 보호할 뿐만 아니라 적극적으로 빛을 차단하고 자외선으로부터 눈을 보호하려는 의도도 있었다. 색을 넣은 고글이야말로 자전거 레이스계에서 사용된 최초의 선글라스였다고 할 수 있다.

일반 선글라스를 사용하는 선수는 소수

제2차 세계대전 이후 도로 정비가 진행되자 더는 고글이 필요 없게 되었다. 대부분의 선수가 선택한 스타일은 선글라스가 아니라 아무것도 쓰지 않고 '맨눈'으로 달리는 것이었다. 애초에 당시는 사이클링용(혹은 스포츠용) 선글라스가 존재하지 않던 시기다. 자전거뿐만 아니라 대부분의 스포츠에서 선글라스를 사용하는 습관이 없었던 것이다.

'선글라스를 사용하지 않는' 스타일은 그 후 1980년대까지 이어졌지만, 물론 예외도 있었다. 1950년대에는 휴고 코블렛(스위스)이나 파우스트 코피(이탈리아) 등이 레이스와 날씨에 따라 선글라스를 사용했고, 1970년대에는 게리 크네테만(네덜란드)이나 롤랑 베를랑(프랑스)이 항상 선글라스를 사용하는 선수로 유명했다.

그러나 다시 한번 말하지만 이들은 예외 중의 예외일 뿐, 1980년대까지 유럽의 로드 레이스에서는 '선글라스 없이'(덧붙이자면 헬멧도 없이) 달리는 스타일이 당연했다. 필자가 사이클링을 시작한 1970년대 당시 선글라스를 끼고 자전거를 타면 "크네테만 같네."라고 놀림을 당했다. 그만큼 자전거에 선글라스는 어울리지 않는 조합이었던 것이다.

그렉 르몽드가 레이스 세계에 도입하다

현재는 자전거를 탈 때 선글라스를 끼는 것이 당연해졌는데, 그 계기를 만든 사람은 유럽에서 활약한 미국인 선수 그렉 르몽드였다. 1985년 르몽드는 미국의 오클리가 개발한 스포츠용 아이웨어 '아이셰이드'를 사용했다.

1980년대 아이웨어

레이스 세계에 선글라스를 도입한 그렉 르몽드
1985년 그렉 르몽드는 오클리의 자전거 선글라스 '아
이셰이드'를 유럽 레이스계에 도입했다. 그의 활약으
로 선글라스는 순식간에 보급되었다.

많은 선수가 사용한 루디 프로젝트
1986년 이탈리아의 루디 프로젝트가 내놓은 '퍼포먼
스'라는 제품은 유럽 선수를 중심으로 대히트를 기록
했다. 사진은 이 제품을 끼고 1986년 지로 디탈리아
에서 역주하는 아카시오 다 실배(포르투갈, 말보르).

투르 드 프랑스에서는 베르나르 이노(프랑스, 라비클레르)를 보조하면서 종합
2위에 올랐는데, 르몽드뿐만 아니라 아이셰이드도 이때 큰 주목을 받았다.

오클리는 홍보력도 매우 훌륭했다. 지금은 생각할 수 없는 일이지만, 당시는
선글라스 회사와 계약을 맺은 레이서가 전무하다시피 했기 때문에 오클리 소
속의 서포트 맨이 레이스 출발 전에 아이셰이드를 공짜로 나눠주었다. 새로운
것을 좋아하는 선수들은 기꺼이 아이셰이드를 사용했다. 비용 대 효과라는 측
면에서 보면 이만큼 효과적인 홍보도 없었을 것이다.

르몽드는 이듬해인 1986년에도 아이셰이드를 꼈고 미국인으로서는 최초로 투르 드 프랑스를 제패했다. 그는 마이요존느를 입으면 노란색 프레임의 아이셰이드를 쓰는 퍼포먼스를 선보이기도 했다. 이 덕분에 오클리의 아이셰이드는 인기를 모았다.

그 후 루디 프로젝트나 브리코, 볼레 등 많은 제조사가 사이클링용 선글라스 시장에 뛰어들었고, 어느덧 레이스 세계에서는 선글라스를 끼는 것이 당연해졌다.

현대 선글라스의 변천

1980년 최초의 사이클링 전용 선글라스 '베르나르 이노' 시그니처 모델
'사이클링 전용' 제품을 만든 곳은 오클리가 처음이 아니었다. 프랑스의 '세베'가 1980년에 베르나르 이노의 이름을 건 제품을 발매했다. 그러나 성공하지 못하고 모습을 감췄다.

1986년 르몽드가 애용한 오클리 아이셰이드
1985년에 이어 아이셰이드를 사용한 르몽드는 투르 드 프랑스 첫 우승을 차지한다. 마이요존느를 입자 여기에 맞춰서 노란색 아이셰이드를 끼는 퍼포먼스도 선보였다.

1993년 치아푸치가 사용한 브리코 스팅거
스키용 고글과 왁스 제조사로 유명한 브리코가 만든 제품. 슈퍼스타 클라우디오 치아푸치(이탈리아, 카레라)가 사용하면서 단숨에 인기가 폭발했다.

1996년 인두라인이 애용한 루디 프로젝트 스키
1991~1995년에 투르 드 프랑스 5연패를 달성한 미겔 인두라인(스페인, 바네스토)이 1996년에 사용했던 선글라스. 이탈리안 디자인으로 인기를 모았다.

07

사이클 컴퓨터

오늘날 로드바이크를 타는 사람들 가운데 사이클 컴퓨터를 장착하지 않은 사람은 거의 없을 것이다. 사이클 컴퓨터를 로드 레이스에 처음으로 이용한 선수는 1986년, 1989년, 1990년 투르 드 프랑스 우승자 그렉 르몽드였다.

과거에는 기계식 계기뿐

현재 로드바이크를 타는 사람에게 사이클 컴퓨터는 필수품이라고 해도 과언이 아닐 것이다. 속도나 주행 거리 같은 객관적인 데이터는 로드바이크를 진지하게 타는 선수는 물론이고, 어제 스포츠 바이크를 시작한 초보자에게도 무엇과 비교할 수 없는 안도감을 가져다준다.

그런데 1980년대 중반까지는 오늘날과 같은 사이클 컴퓨터가 존재하지 않았다. 당시 라이더들은 감으로 속도를 느끼고, 도로 표지판이나 지도 혹은 경험에 의지해 주행 거리를 판단했다. 당연히 오차도 커서, 동료와 속도나 주행 거리에 대해 이야기를 나누면 "그 고개의 내리막길에서 시속 80킬로미터 정도는 냈어."라든가 "어제는 100킬로미터 정도 달렸어."라고 과장을 섞어서 말하기 마련이었다.

필자의 동료 중에 주행 거리를 1킬로미터 단위까지 정확히 말하는 친구가 있었다. 그는 프랑스의 휴레 사가 내놓은 기계식 거리계 '뮬티토'를 사용했다. 이것은 앞 포크의 끝에 장착하면 고무벨트를 통해 톱니바퀴가 돌면서 앞바퀴의 회전수를 바탕으로 주행 거리를 산출하는 계기였다. 구조상 기계 저항도 있어서 경기용 자전거에는 적합하지 않았지만, 투어링용으로는 매우 편리한 제품이었다. 당연하게도 동료들 사이에서 순식간에 유행해 모두가 사용했다. 덕분에 투어링에서 정확한 주행 거리를 아는 것이 매우 즐거운 일임을 절감했다. 역시 바이시클리즘(bicyclism)의 선진국 프랑스에서 만든 제품다웠다.

사이클 컴퓨터를 확산시킨 그렉 르몽드

1986년 그렉 르몽드는 유럽의 프로 레이스계에 최초로 사이클 컴퓨터를 도입했다. 그해에 투르 드 프랑스를 제패하자, 이를 계기로 사이클 컴퓨터는 폭발적인 인기를 얻었다.

일본의 경우, 주니어 자전거에 거창한 기계식 속도계나 거리계가 달려 있는 경우가 있었다. 이것은 당시 유행(전자등 자전거와 슈퍼카 열풍)에 편승한 장난감으로, 로드바이크는 물론이고 스포츠용 자전거나 캠핑용 자전거에도 도저히 쓸 수 없는 물건이었다.

아보셋이 역사의 첫 페이지를 쓰다

1985년 미국의 회사 아보셋이 매우 획기적인 제품을 발표했다. '사이클로미터 20'이라는 이 제품의 작동 원리는 앞바퀴에 장착한 마그넷의 회전을 읽어 속도와 주행 거리를 산출하는 방식이었다. 이것은 현재에 이르기까지 많은 사이클 컴퓨터가 이용하고 있는 방식으로, 그런 점에서 "사이클 컴퓨터의 시작은 아보셋의 사이클로미터 20이다."라고 말할 수 있다.

이듬해인 1986년, 유럽의 프로 로드 레이스에서 활약하던 미국인 선수 그렉

사이클 컴퓨터 구조의 역사

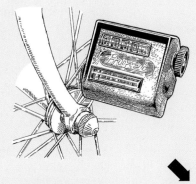

기계식 거리계

마그넷과 전지를 사용하는 사이클 컴퓨터가 등장하기 이전에는 기계식 속도계나 거리계가 일부 있을 뿐이었다. 게다가 대부분은 주니어 자전거에 부착하기 위한 조잡한 물건이었고, 스포츠 바이크용은 프랑스의 휴레에서 만드는 제품 정도밖에 없었다. 로드바이크에 어울리는 제품은 전무했다고 할 수 있다.

초기 사이클 컴퓨터

1985년 미국의 아보셋이 발표한 '사이클로미터 20'은 실로 획기적인 제품이었다. 불과 몇 년 사이에 로드바이크의 표준 장비가 된 것이다. 휠에 장착한 마그넷을 이용해서 회전수를 전기신호로 읽어 들여 속도와 주행 거리를 산출하는 원리는 현재 제품과 똑같다.

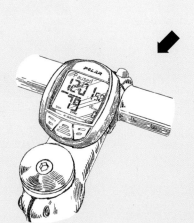

다기능 사이클 컴퓨터

초기 사이클 컴퓨터는 '속도' '주행 거리' '누적 주행 거리' '주행 시간' '시각' 등이 표시되는 매우 단순한 제품이었다. 그러다 '케이던스'나 '노면의 경사' '기어 톱니 수' '심박수' 등 다양한 수치를 표시하는 것으로 발전했다.

르몽드가 아보셋 사이클로미터 20을 레이스에 사용했다. 그리고 이해에 투르 드 프랑스에서 멋지게 우승을 차지했다.

속도와 주행 거리를 알면 레이스 전략을 구상할 때도 유리하다. 그렉 르몽드가 사이클 컴퓨터를 활용해 좋은 성과를 얻자, 다음 해부터 많은 선수가 아보셋의 사이클로미터를 사용했다.

그 후 독일의 시클로마스터나 시그마스포츠, 미국의 베타, 일본의 캣아이 등 많은 회사가 우수한 사이클 컴퓨터를 제조했고, 차별화를 꾀하기 위해 사이클로미터 20에는 없었던 '평균 속도'나 '케이던스'(cadence)를 산출하는 기능을 갖추어 나갔다.

다양한 기능을 갖춘 사이클 컴퓨터

이후 사이클 컴퓨터에 다양한 기능이 탑재되었다. 심박수 모니터를 만드는 회사 중 톱 브랜드인 핀란드의 '폴라'가 제조한 제품이 대표적이다. 그전까지 사이클 컴퓨터는 속도나 주행 거리만을, 심박수 모니터는 심박수만을 측정하는 계기였다. 따라서 핸들 주변에 두 장치 모두를 장착해야 했는데, 폴라는 모든 기능을 일체화한 'CS200' 같은 제품을 만들어낸 것이다.

갈수록 건강에 관심이 많은 사람들이 늘어나면서, 심박수 모니터는 의료 현장이나 대사 증후군 환자 관리 등의 분야에 널리 쓰이고 있다. 중년이나

1970년대 프랑스 휴레의 기계식 거리계 '뮬티토'

아보셋 사이클로미터 20이 등장하기 전까지는 레이스에서 사용할 수 있을 만한 속도계나 거리계가 없었다. 휴레의 거리계는 고무 벨트를 사용해 앞바퀴의 회전수를 읽는 방식으로, 투어링을 할 때 상당히 편리한 제품이었다.

1986년 세계 최초의 사이클 컴퓨터 '아보셋 사이클로미터 20'

그렉 르몽드가 1986년 투르 드 프랑스에서 사용한 제품. '속도' '주행 거리' '누적 거리' '주행 시간'을 산출할 수 있었고, 화면에는 이 중 한 가지만 표시되었다. 그러나 당시로서는 매우 획기적인 제품이었다.

사이클 컴퓨터의 변천

1990년대 소형 사이클 컴퓨터
'캣아이 마이티 2'
아보셋에 자극을 받은 각국 제조
사는 일제히 비슷한 제품을 내놓
았는데, 이런 '전자 제품'은 일본
제조사들이 잘 만들었다.

1997년 치폴리니가 사용한
'시그마스포츠 BC800'
세계 최강의 스프린터였던 마리
오 치폴리니가 사에코 소속이었던
1997년에 사용한 모델. 장인이 존
중받는 나라인 독일의 제품답게
높은 내구성이 매력이었다.

2000년대 초반 유행한 디자인
을 도입한 '캣아이 코드리스 2'
일본의 캣아이는 당시 무선화 기
술 분야에서 세계를 선도했다. 단
선 문제를 미연에 방지했기 때문
에 정비사의 평가도 높았다. 크레
디아그리콜의 프로 팀이 사용했
다. 이 모델은 당시 유행했던 스켈
레톤 디자인을 도입했다.

2000년 세계 최강인 마페이가
선택한 '캣아이 마이티 3'
유럽 프로 팀에서도 제품의 우수
성을 인정해 캣아이의 제품을 사
용했다. 그중에서도 1990년대부
터 2002년까지 세계 최강을 자랑
했던 이탈리아의 프로 팀 '마페이'
에 제품을 공급한 것은 획기적인
사건이었다고 할 수 있다.

2000년 미국 우정국 팀이 사용
한 '베타 V100'
베타는 미국 버지니아 주 스털링
에 본거지를 둔 브랜드다. 새들 제
품과 함께 사이클 컴퓨터도 높은
평가를 받아서, 미국 우정국을 비
롯해 람프레, 코피디스 등의 프로
팀이 애용했다.

2006년 다기능 사이클 컴퓨터
의 대표 '폴라 CS200'
폴라는 핀란드의 제조사로, 심박
수 모니터 분야에서 유명한 회사
다. 원래는 손목 시계형 제품이 많
았지만 사이클 컴퓨터와 심박수
모니터를 일체화해 매우 기능이
많은 제품을 만들어냈다. CS200
은 대표적인 제품이다.

노인이 '만보계'를 가지고 다니듯 심박수 모니터도 그와 비슷하게 보급되고 있는 것이다.

프로나 톱 아마추어의 세계에서는 독일의 'SRM'이나 미국 사이클옵스의 '파워탭' 등 출력을 측정하는 시스템(파워미터)을 사용하는 일이 거의 상식이다. 최근에는 스마트폰과 연동되고 터치 기능이 탑재되는 등 사이클 컴퓨터가 고도화되고 있다.

후기

이 책은 월간 〈바이시클 클럽〉에 연재한 '박사가 사랑한 자전거'를 재구성해 정리한 것이다. 물론 필요한 부분은 가필과 수정을 거쳤다. '티끌 모아 태산'이라는 말처럼, 1회 연재 분량은 얼마 되지 않지만 4년이나 연재를 계속하니 놀랍게도 책 한 권으로 만들 수 있을 만큼의 분량이 되었다.

연재를 계속하면서 가장 고생한 점은 정확한 역사를 기술하는 것이었다. 예를 들어 "캄파놀로의 평행사변형식 변속기는 1940년대 말부터 1950년 초엽에 걸쳐 등장했다."라고 적는 것은 간단하지만, 그것이 1949년인지 1950년인지 검증하기는 매우 어렵다. 모호한 표현을 최대한 피하고 구체적인 연도를 적으려 한 까닭에 때로는 사진 설명문 하나를 쓰는 데 일주일이 걸리기도 했다. 그럼에도 사실 관계를 잘못 파악한 것이 몇 가지 있으리라 생각된다. 잘못된 부분을 발견했다면 꼭 지적해주기 바란다.

이 책을 정리하는 과정에서 많은 분들이 소중한 조언을 주셨다. 게다가 원고 집필에 도움이 되는 여러 가지 힌트를 주신 분도 있다. 월간 〈바이시클 클럽〉의 편집부는 필자의 무리한 요구를 들어주느라 많은 고생을 했다. 일러스트레이터 또한 수고가 많았는데, 이 책을 읽는 독자들이 내용을 이해하기 쉽도록 상세하고 정확한 그림을 많이 그려주었다. 모든 분에게 깊은 감사의 인사를 전한다.

나카자와 다카시

찾아보기

[A~Z / 숫자]

1/A 스템 128, 134, 135, 137
1볼트 고정 161
2볼트 고정 159, 161
3T 131
3스피드 허브 87, 88, 90~92
5암 체인휠 26, 28, 31
BB 축 29, 31, 104~108
C 레코드 30, 31, 78, 86, 101~103, 150, 162
C암 149, 152
DEDA 131
FORE 테크놀로지 62, 63
HG 시스템 95, 97, 107
ITM 131~133, 138
J벤드 스포크 60, 61, 72
M-71 120, 121, 134, 198, 199, 209
MD 40, 42, 43
MTB 14, 40, 42, 43, 54, 100, 111, 113, 136, 137, 141, 142, 205
PCD 98~103
PP-65 114, 120, 123, 124, 200, 201
PRO 131, 133
Q팩터 42, 43
SGR 109
SIS 34~36, 89, 94, 107, 108
SLR 시스템 151, 152
SPD 페달 110, 111, 113
SSC 59, 60
STC 47
STI 30, 32, 36, 37, 43, 94, 96, 107
STS 304 70~72
STS 430 71, 72

SUP 59
TTT 131, 137, 172, 173
TVT 20, 21
UB 컨트롤 59
UG 시스템 95~97
ZAP 시스템 46, 49

[가]

가스토네 넨치니 76, 80, 180
게리 크네테만 216~218
고글 215~218, 220
그랑비 126
그랑스포르트 27, 28, 31, 80, 84
그랑프리 39, 85
그렉 르몽드 20, 123, 124, 133, 188, 193, 201, 205, 211, 213, 219~222, 224
그룹 세트 31
기어 39, 67, 75, 76, 90, 97~99, 107

[나]

나일론 185, 187, 189, 191, 192, 194, 196
내후성 171~173
노멀 휠 60, 61
누보 레코드 29, 31, 84
니콜라 바라 14

[다]

더블코그 67, 76, 82, 83
데다차이 13, 14
데로사 11, 12

데오레 43

뒤 디레일러 29, 31, 33, 34, 36, 39~41, 43,
　48, 49, 51, 54, 55, 75, 80~84, 87, 89, 92,
　94, 158, 159, 177

듀라에이스 32, 34~36, 39, 46, 49, 79, 86,
　91~94, 97, 101, 103, 105~108, 110, 150~
　152, 161, 163

듀라에이스 ax 33~35, 94, 105, 150

듀라에이스 EX 33, 94, 105

듀얼 피봇 147, 149, 152

드라이브 트레인 24, 40, 42, 43

드라이지네 24

드롭 바 128, 130, 132, 133, 170, 172

[라]

라이벌 50, 55, 80

라이트스피드 15, 16

레드 50, 52, 53, 55

레이밴 214, 215

레이싱 슈즈 196~198, 200

레이싱 팬츠 190~193, 195

레코드 28~30, 33, 51, 66, 76, 78, 80, 84,
　99, 100, 101, 103, 148, 149, 151, 158, 159,
　162

로드 슈즈 196, 200

로드 클리어런스 112, 113, 124

로드식 76~78, 80, 83, 177

로랑 피뇽 102, 115, 166, 168, 173

루디 프로젝트 219, 220

루이스 에레라 19, 20

루이종 보베 52, 82, 177, 179

룩 20~22, 109, 110, 111, 113~116, 119~
　125, 141, 163, 200, 201, 211

림 44, 46, 47, 58~60, 62, 63, 70, 72, 73,
　137, 167, 168

[마]

마그누스 바크스테드 18

마빅 44~49, 58~63, 71~74, 79, 102, 121

마이야르 51, 53, 55, 61

마이크로 드라이브 38, 40, 43

마팩 45, 61, 147~150

메카트로닉 46, 49

면 테이프 171~174

물통 케이지 176~178, 180

미겔 인두라인 23, 30, 41, 118, 157, 188

미쉐린 165~169

미야타 16

[바]

바 테이프 170~175

바슈롬 214

바인딩 페달 113, 120

베르나르 이노 20~22, 101, 114, 122~124,
　157, 161, 187, 191, 200, 201, 209, 211, 219,
　220

베타 224, 225

벨로시페드 56, 182

변속기 38, 39, 45, 46, 49, 52, 65, 67, 75,
　81~85, 87~92, 96, 148

변속 레버 17, 28, 30, 31, 33, 43, 48, 54, 94

보스 풀리 95

본트래거 133, 156

부엘타 아 에스파냐 49, 129

브레이크 26, 28, 29, 31, 33, 35, 38, 45, 46,
　49, 94, 107, 147~152, 170, 171

브루노 고망 44, 45, 47, 121

브룩스 153~155, 157

비앙키 15, 17~19, 140

빅 휠 바이크 126

[사]

사이드풀 147~151
사이클 컴퓨터 221~226
사이클로미터20 222~224
사이클링 저지 184~186, 190
삭스 51~54
새들 23, 118, 134, 153~160, 162, 170, 173, 193
새들 클램프 158, 160, 162
생플렉스 45, 76, 79~82, 84, 100, 159, 161
서보 팬터그래프 시스템 39, 90
서포트 카 45, 179, 213
선글라스 214~220
선투어 38~43, 46, 79, 81, 85, 119
세디스 51, 53, 55
세큐리테 147
센터풀 33, 35, 147~150, 152
셸락 171
셀레 산마르코 156, 157
셀레 이탈리아 156, 157
셀로 테이프 172~174
소프트쉘 204
솔리드 타이어 167
숀 켈리 20, 47, 48, 133, 161, 171
슈퍼 레코드 28, 29, 78, 102, 161, 162
슈퍼브 프로 41, 79, 85, 119
스램 26, 39, 50, 52~55
스레드식 136~140, 142, 145
스미토모 금속 16, 73
스퀘어 테이퍼 105, 107, 108
스타브라이트 71, 72
스테인리스 63, 69~72, 181
스트랩 가죽 슈즈 198
스트레이트 스포크 60, 61, 72
스티브 룩스 41

스틸 11~14, 16, 69~71, 137, 143, 145, 160, 171
스포크 58, 60~63, 69~74
스프라켓 40, 42, 43, 51, 52, 78, 89, 93, 95, 96, 106, 107
스피델 47
슬라이드 샤프트 76, 77, 79, 80~83
슬랜트 팬터그래프 38~40, 49, 83, 85, 86, 89, 91
시그마스포츠 224, 225
시리움 62, 63, 73, 74
시마노 28, 30, 32~35, 38~40, 43, 46, 49, 50, 53, 55, 79, 81, 87~97, 100~113, 117~119, 125, 131, 149, 150~152, 161, 163, 200
시트 포스트 28, 31, 158~164, 178, 208
싱글 풀리 93, 95

[아]

아나토믹 섈로 130, 133
아보셋 222~225
아이셰이드 218~220
아처리 89~91
알란 13, 14, 16, 18~20
알루미늄 11, 13~16, 18~22, 29, 31, 44, 58, 60, 63, 71, 73, 74, 84, 91, 93, 117, 124, 128, 135, 136, 138, 139, 142~144, 148, 154, 159, 172, 175, 178, 180, 181
알루미늄 림 44, 58
앞 디레일러 28, 33, 75~80
앤드루 햄프스텐 151, 152
어헤드식 136~139, 141, 142, 145, 146
에디 메르크스 11~13, 29, 101, 123, 129, 135, 156, 161, 162, 171, 185, 193, 197, 199
에어로 33, 62, 63, 70, 74, 94, 150, 162~164, 191, 205, 208, 209

에어로 헬멧 208~213

에어플레인 14

에퀴프 Mg 115, 116, 118, 119

오클리 216, 218~220

옥타세레이션 106~108

완성 휠 58, 62, 70~73

우니베르살 147~149, 151

우니카 154~157, 193

울 저지 186~189

윙 너트 66, 67

유비오스 130, 132, 133

이너 기어 98, 99

이너 와이어 79

인덱스 시스템 28, 34, 36, 37, 91, 96

인조 가죽 173, 190, 194, 195

인조 가죽 패드 192

인티그레이티드 140, 142~146

[자]

자크 앙크틸 12, 76, 82, 159, 161, 180

조립 휠 60, 70, 72

지로 202, 203, 205~207, 210~213

지로 디 롬바르디아 47, 134

지로 디탈리아 98, 110, 123, 129, 145, 148,
151, 152, 169, 193, 194, 211, 215, 219

지로 프로라이트 205, 206

[차]

천연 가죽 패드 192

체인휠 26, 28, 31, 33, 77, 102

치넬리 120~122, 128~135, 137, 138, 172,
174, 175, 198, 199, 209~211, 213

[카]

카본 11, 13~15, 17~23, 55, 62, 69, 71, 74,
116, 117, 125, 136, 139, 141~143, 145,
155, 160, 162, 164, 178, 181, 197, 198,
206

카세트 스프라켓 40, 42, 51, 78, 95, 107

카스크 202, 204, 208

카트리지 베어링 40, 41, 43

캄파놀로 26~33, 35, 39, 40, 45, 46, 48~
51, 54, 61, 64~68, 76~81, 83~86, 93,
94, 99~103, 105, 109, 125, 148~152, 154,
158~163, 177

캣아이 174, 224, 225

커맨드 시프터 43

컴포넌트 26~36, 38, 40~50, 52~55, 66,
78, 87, 91, 92~94, 97, 101, 102, 105, 107,
110, 119, 148

컴플리트 휠 58, 60~63

케논데일 15

코르크 테이프 172~175

코스믹 61~63, 74

코터드 104~106

코터리스 104~107

콜나고 11, 12, 18, 19, 21, 140~146, 174

콜럼버스 13, 14, 120, 131, 134

콤팩트 128, 130, 133

콤팩트 크랭크 98, 99

쿼릴리스 26~28, 31, 62, 64, 66~68, 158

크랭크 38, 43, 45, 49, 52, 64, 98, 99, 100~
108, 178

크레인 33, 34, 91, 92, 94

크리스 보드만 54, 102, 119

크리테리움 80, 128, 129, 132, 133, 135

클래식 128, 130~133

클린처 타이어 165~169

클릿 페달 109, 110, 113~115, 120~125, 196, 198~201, 209, 211
클릿 페달 슈즈 198

[타]

타이어 165~169, 187
타임 21, 23, 109, 114~119, 125, 141
텔레다인 16, 17
통합 변속 시스템 31, 36, 43, 49, 78, 107
투르 드 프랑스 11, 19, 20, 22, 27, 30, 45, 48, 49, 52, 54, 55, 59, 61, 62, 76, 82, 84, 98, 101, 102, 104, 105, 110, 112, 118, 119, 123, 124, 129, 133, 138, 146, 148, 150, 154~157, 159, 161, 166, 176, 177, 179, 180, 181, 187, 188, 191, 193, 201, 203, 205, 209, 211, 213, 215, 219, 220, 221, 222, 224
툴리오 캄파놀로 26, 28, 32, 64~66, 84, 158
튜블러 타이어 167, 169
티타늄 13, 15~18, 29, 31, 62, 70, 124, 138, 163, 164, 178, 181, 208

[파]

파우스트 코피 12, 27, 84, 104, 140, 177, 179, 215, 216, 218
펄 이즈미 189, 191, 192, 194, 195
페니파싱 56, 126, 182
페달 축 29, 31, 117
평행사변형식 26, 28, 64, 76, 77, 79, 80, 83~85, 158, 159
포스 50, 52, 53, 55
포지트론 89, 91, 94
포테스트 71, 73
폴라 224, 225

폴리에스테르 저지 186~189
폴리카보네이트 쉘 207
프레임 11~24, 43, 120, 125, 134~136, 141, 143, 160, 163, 164, 171, 172, 175, 178, 182
프로페셔널 153, 154, 157
프리휠 33, 38, 40, 52, 76, 83, 85, 87, 93, 95
플란드리아 32, 92, 94, 97, 101
피나렐로 15, 23, 142~144
피봇 볼트 29, 31, 41, 51

[하]

하드쉘 203, 204, 210~213
하이라이트 시리즈 166~168
하이퍼 드라이브 C 40, 43
핸들 바 49, 120, 128, 129, 131~138, 170, 177~180, 199, 213
핸들 스템 134, 140
핸들 앤드 다운 튜브 179
허브 26, 27~29, 31, 33, 38, 40, 41, 43, 45, 51, 58, 60, 61~64, 66
헤드 튜브 140, 142, 144
헬리움 61~63, 72
헬멧 202~213
홀로테크II 106, 108
휴레 51~53, 55, 80, 82, 84, 85, 90, 92, 222~224

참고 문헌

《100 Lieux mythiques ou tragiques du sport cycliste, Éditions de Eecloonaar》, Pascal Sergent, Belgique, 2004년

《Au Cœur du vélo, Mavic SA》, MAVIC SA ed., 2001년

《Campagnolo The gear that changed the story of cycling, Bolis Edizioni》, Paolo Facchinetti & Guido P. Rubino, Italy, 2008년

《Cycles de competition et randonneuses, Technique & Vulgarisation》, Daniel Rebour, Paris, 1976년

《Da Coppi a Mercks, Edizioni Landoni》, Nello Bertellini, Milano, 1977년

《Du vélocipéde au dérailleur moderne, Association, des amis du Musée d'Art et d'Industrie de Saint−Étienne》, Raymond Henry, 1998 & 2003년

《Edardo Bianchi, Giorgio Nada Editore》, Antonio Gentile, Milano, 1992년

《Jois de la bicyclette, Hachette Réalités》, Antonio et al. Blondin, Paris, 1977년

《La fabuleuse historie du cyclisme, Éditions O.D.I.L.》, Pierre Chany, Paris, 1975년

《Les Vainqueurs du Tour de France 100ans, Novédit》, Henri Quiqueré & Arnaud Pauper, Paris, 2003년

《The 200 years of the bicycle》, Dragoslav Andreić, Motovun, Switzerland, 1990년

《Un siécle de Paris−Roubaix 1896−1996, Éditions de Eecloonaar》, Pascal Sergent, Belgique, 1996년

《시마노 : 세계를 제패한 자전거 부품》, 야마구치 가즈유키, 분코사, 2003년

《시마노 70년사》, 주식회사 시마노 70년사 편집 위원회 편저, 주식회사 시마노, 1991년

《시마노 80년사 1921−2000 새로운 꿈을 향해》, 주식회사 시마노 80년사 편집 위원회, 주식회사 시마노, 2001년

《투르 100화: 트루 드 프랑스 100년의 역사》, 안케 다쓰야, 미치타니, 2003년

《이탈리아의 자전거 공방 : 영광의 스토리》, 스나다 유즈루, 아테네서방, 1994년

《이탈리아의 자전거 공방 이야기》, 스나다 유즈루, 야에스출판, 2006년

《일러스트로 보는 스포츠 자전거 부품의 변천》, 대니엘 르부어, 베로출판사, 1977년

《캄파놀로 : 자전거 경기의 역사를 변속시킨 혁신의 부품들》, 파올로 파키네티 & 구이도 P. 루비노, 나카자와 다카시 옮김, 에이출판사, 2009년

사진 협력

A.S.O., Campagnolo S.p.A., Cicli Pinarello S.r.l., Colnago Ernesto & C S.r.l., Cycle Europe (Bianchi), De Rosa Ugo & Figli S.n.c., Eddy Merckx Cycles, Giant Manufacturing Co. Ltd., Go line S.r.l. (Alan), Gruppo S.p.A., Look Cycle International, Masi Alberto, Mavic SA, RCS Sport, SHIMANO Inc., SR suntour, Sram LLC, Time Sport International

옮긴이 김정환

건국대학교 토목공학과를 졸업하고 일본외국어전문학교 일한통번역과를 수료했다. 21세기가 시작되던 해에 우연히 서점에서 발견한 책 한 권에 흥미를 느끼고 번역의 세계로 발을 들여, 현재 번역 에이전시 엔터스코리아 출판기획 및 일본어 전문 번역가로 활동하고 있다.

경력이 쌓일수록 번역의 오묘함과 어려움을 느끼면서 항상 다음 책에서는 더 나은 번역, 자신에게 부끄럽지 않은 번역을 할 수 있도록 노력 중이다. 공대 출신의 번역가로서 공대의 특징인 논리성을 살리면서 번역에 필요한 문과의 감성을 접목하는 것이 목표다. 야구를 좋아해 한때 imbcsports.com에서 일본 야구 칼럼을 연재하기도 했다.

주요 역서로 《자동차 정비 교과서》《자동차 구조 교과서》《자동차 첨단기술 교과서》《자동차 에코기술 교과서》《비행기 조종 교과서》《산속생활 교과서》《농촌 생활 교과서》 등이 있다.

로드바이크 진화론
라이더와 마니아를 위한 프레임·휠·컴포넌트 100년사를 정리한 자전거 구조 교과서

1판 1쇄 펴낸 날 2018년 11월 30일

지은이 | 나카자와 다카시
옮긴이 | 김정환
주　간 | 안정희
편　집 | 윤대호, 김리라, 채선희, 이승미
디자인 | 김수혜, 이가영
마케팅 | 권태환, 함정윤

펴낸이 | 박윤태
펴낸곳 | 보누스
등　록 | 2001년 8월 17일 제313-2002-179호
주　소 | 서울시 마포구 동교로12안길 31
전　화 | 02-333-3114
팩　스 | 02-3143-3254
E-mail | bonusbook@naver.com

ISBN 978-89-6494-359-5　03690

• 책값은 뒤표지에 있습니다.
• 이 도서의 국립중앙도서관 출판예정도서목록(CIP)은 서지정보유통지원시스템 홈페이지(http://seoji.nl.go.kr)와 국가자료공동목록시스템(http://www.nl.go.kr/kolisnet)에서 이용하실 수 있습니다.(CIP제어번호: CIP2018036380)